THÈSE DE DOCTORAT

LA
LOI PÉNALE

ET LES

DÉLINQUANTS D'HABITUDE
INCORRIGIBLES

THÈSE POUR LE DOCTORAT

L'acte public sur les matières ci-après sera soutenu le Mardi 22 novembre 1898, à 2 heures 1/2

PAR

Georges BESSIÈRE

AVOCAT A LA COUR D'APPEL
LAURÉAT DE LA FACULTÉ DE LILLE

Président : M. LE POITTEVIN.

Suffragants : { MM. LEVEILLÉ, *Professeur.*
SALEILLES, *Agrégé.*

PARIS
LIBRAIRIE NOUVELLE DE DROIT ET DE JURISPRUDENCE
ARTHUR ROUSSEAU, ÉDITEUR
14, RUE SOUFFLOT ET RUE TOULLIER, 13

1898

LA LOI PÉNALE

ET LES

DÉLINQUANTS D'HABITUDE INCORRIGIBLES

AVANT-PROPOS

Admettre qu'il y a des criminels fatalement voués à la récidive, n'est-ce pas, au terme de la science pénitentiaire, conclure par un aveu d'impuissance, et décourager les efforts des hommes qui se consacrent au relèvement des coupables? L'idée de solidarité sociale est affaiblie, si, à l'heure de la plus grande pitié éveillée, elle s'évanouit, laissant la place aux peines définitives. Aussi combien paraissent légitimes les protestations qui ont accueilli l'idée nouvelle! Comment ne pas applaudir aux paroles d'humanité qui ont retenti en 1885, dans le parlement français, et que les savants russes répétaient « avec une ardeur presque religieuse » au Congrès pénitentiaire de Saint-Pétersbourg?

L'idée nouvelle, avons-nous dit, et cependant elle est exprimée bien souvent par les auteurs de l'antiquité ou du moyen âge; mais c'est aujourd'hui seulement qu'elle a pris une forme scientifique. Elle n'est pas restée le résultat d'observations plus ou moins vagues faites sur les prisonniers. L'étude de la statistique criminelle, et des facteurs individuels ou sociaux du délit, a donné à cette idée une précision de plus en plus grande.

C'est le dernier terme de cette classification des criminels, que l'on veut mettre à la base de la loi pénale, pour corriger, sinon pour remplacer, la hiérarchie, souvent arbitraire, des délits et des peines, que l'on trouve encore dans nos Codes. Mais c'est aussi une pierre arrachée à la belle harmonie des systèmes pénitentiaires classiques, la destruction de cet idéal de l'unité de peine, que certains orthodoxes poursuivaient de leurs vœux (1).

C'était proclamer que la peine n'est pas seulement une sanction, une compensation d'un fait passé, mais « qu'elle a surtout un but social qui est dans l'avenir »; qu'elle ne doit plus être calquée et mesurée sur un fait accompli, mais qu'elle doit être, avant tout « un instrument de relèvement individuel ou de préservation sociale » (2). Admettre des incorrigibles, c'était aussi nier cette sorte de vertu magique, qui, dans la cellule ou dans la colonie pénitentiaire, suivant les systèmes, doit abattre les révoltés, rendre l'énergie aux impuissants, provoquer tantôt le repentir et tantôt la crainte.

C'était donc, non pas, comme le disait M. Maus au Congrès d'anthropologie criminelle de Bruxelles, « le suicide de la science pénitentiaire ». mais un coup

---

(1) Le Congrès pénitentiaire de Stockolm (1878) proposait « l'assimilation légale des peines détentives, sans autre différence entre elles que la durée ».

(2) R. Saleilles. *L'individualisation de la peine,* Paris, 1898, p. 11.

mortel porté à la fois à l'ancienne conception de la justice pénale et aux systèmes pénitentiaires classiques.

Cependant, il ne faut pas exagérer l'apparence révolutionnaire de cette idée. Pour les utilitaires, elle est l'application extrême de cette grande distinction entre le délinquant d'occasion et le délinquant d'habitude, qui, selon l'expression même d'un maître de l'école classique, doit être le fondement de la loi pénale. L' « élimination » des incorrigibles, n'est-ce pas, pour la défense sociale, une réserve, que l'on doit faire donner dans les cas désespérés, et, pour tout système utilitaire, la pierre ultime d'un édifice symétrique? En face des peines, établies en vue de la correction et de l'amendement, pour les délinquants qui peuvent être corrigés ou amendés, l'établissement d'une mesure de protection contre les incorrigibles est indispensable et logique.

La maison de travail, la transportation, la sentence indéterminée, tous les systèmes d'élimination proposés dans les Congrès ou votés par les Parlements, sont donc des conséquences directes de la doctrine utilitaire classique, autant que l'application des nouvelles théories pénales. Seulement, s'il est vrai que le point de départ de la science pénale soit l'étude du délinquant et du milieu social, il est impossible d'étudier ces systèmes, si l'on n'établit pas auparavant, non seulement la nécessité de l'élimination, mais aussi l'existence même des incorrigibles. Nous sommes ainsi ramenés à notre question : Existe t-il des incorrigibles, et quel sens plus ou moins absolu faut-il donner à ce mot?

Il s'agit de définir ces récidivistes endurcis, qui font de la prison leur résidence habituelle. N'est-il pas possible de « faire jaillir l'étincelle de la vie morale » dans ces âmes dégradées, et de tenter encore une fois l'œuvre du relèvement ?

Si nous sommes obligés de proclamer l'impuissance de la répression, la vue de toutes ces misères physiques et morales nous donnera peut-être un grand enseignement. Nous verrons si le droit social est le même à l'égard de tous ces malheureux, quelle que soit la gravité de leur maladie, et si la société n'a pas aussi des devoirs ; nous discuterons la doctrine qui considère l'élimination des incorrigibles, comme l'amputation d'un membre pourri.

Au point où nous arriverons, après cette étude des incorrigibles, et des droits et devoirs de la Société envers eux, une vive lumière éclairera peut-être les insuffisances ou les exagérations des systèmes. Les théories absolues montreront d'elles-mêmes leurs vices lorsque nous essaierons d'appliquer le même remède à des maladies peut-être bien différentes. Et d'elle-même aussi, la véritable solution se dégagera, complexe et variable si les causes du mal sont multiples, si le but à atteindre est différent.

Mais il est impossible d'isoler dans le système pénal une classe de délinquants, sans s'exposer à perdre de vue l'ensemble. Nous devrons donc rattacher à l'ensemble du système répressif les solutions que nous aurons adoptées pour les incorrigibles ou prétendus tels. C'est alors seulement qu'elles apparaîtront avec leur véritable portée.

Ces considérations expliquent suffisamment la méthode et le plan de cette thèse. Ce n'est pas une œuvre d'érudition juridique, mais si nous avons du laisser une grande place à des considérations sociologiques indispensables, à notre sens, pour l'appréciation des systèmes et des législations, nous ne perdrons pas de vue le but immédiat et pratique qui doit être la préoccupation principale du juriste.

Voici donc la liste de nos chapitres :

I. — Les Incorrigibles et le milieu social. Classification.

II. — Histoire et théorie générale de l'élimination. Organisation de la sentence : procédure.

III. — Systèmes sur le régime de l'élimination.

Section i. — L'emprisonnement perpétuel.

Section ii. — La transportation (1).

Section iii. — La maison de travail.

IV. — Durée de l'élimination. La sentence indéterminée. Système de M. Van Hamel.

V. — Résumé. Traitement des incorrigibles d'après leur classification.

VI. — Le traitement des incorrigibles dans ses rapports avec l'ensemble du système répressif. Conclusion.

---

(1) Nous prendrons toujours ce mot dans son sens scientifique et non dans le sens du droit français.

CHAPITRE PREMIER

LES INCORRIGIBLES ET LE MILIEU SOCIAL

CLASSIFICATION

§ 1ᵉʳ. — La Statistique Criminelle.

A l'heure où les dernières statistiques criminelles de
la France accusent une diminution sensible de la criminalité générale et de la récidive, après cette progression
ininterrompue qui depuis 1826 suscitait tant d'inquiétudes, il paraîtra peut-être imprudent de placer en
première ligne ces mêmes résultats de la statistique,
pour montrer et définir une classe de délinquants prétendus incorrigibles. Mais d'une part, les rapports
officiels eux-mêmes (1) attribuent en partie cette amélioration à l'œuvre de débarras commencée par la loi
du 27 mai 1885. D'autre part, nous allons voir que dans
des pays où la décroissance de la criminalité remonte
déjà à un passé lointain, le problème de la criminalité
professionnelle se pose avec la même acuité qu'ailleurs.

D'après M. Joly (2), de 1870 à 1882, alors que la

(1) *Journal off.*, 7 nov. 1897.
(2) *Rev. de Paris*, 1ᵉʳ déc. 1894.

population de l'Angleterre s'élevait de 23 millions d'habitants à 29 1/2 le nombre des individus traduits en justice s'abaissait de 167.018 à 160.625. De 1882 à 1892 le nombre des crimes proprement dits a diminué de 8 0/0 alors que la population augmentait de 12 0/0. Et pourtant, dans ce pays si favorisé, un mouvement d'opinion très prononcé semble se produire depuis quelques mois : « On constate, dit M. William Tallack, que presque dans chaque ville ou district, une très large proportion du nombre total des personnes condamnées consiste en un groupe relativement limité de délinquants d'habitude, qui comparaissent vingt, cinquante, cent fois de suite sans être réformés ni intimidés » (1). La statistique pénitentiaire de l'Angleterre pour l'année 1895-96 montre que sur 153.168 détenus de toute catégorie, 85.726 étaient en état de récidive (56 0/0). Sur ces 85.726 récidivistes, 42.568 avaient plus de cinq condamnations et 12.665 avaient vingt condamnations ou plus. Le quart au moins du nombre total des détenus est donc composé de récidivistes absolument endurcis (2). Et la situation s'aggrave de jour en jour. En 1870, sur 1.584 condamnations à la servitude pénale on comptait 276 récidivistes. En 1895, sur 893 condamnés de cette catégorie il y avait 262 récidivistes. Cette peine organisée si sévèrement reste donc impuissante précisément pour les délinquants récidivistes.

En Suisse, l'absence de grandes agglomérations urbaines donne aux indications de la statistique une importance particulière. Or, sur 2.951 condamnés libérés en 1893, le résultat de la détention était considéré comme

(1) *Rec. pénitentiaire,* juin 1897, p. 965.
(2) *Actes du Congrès d'anthr. crim. de Genève,* p. 341.

non atteint pour 680 hommes et 222 femmes, soit 31 0/0 des détenus ; sur ces 902 « incorrigés », 330 étaient tenus pour des malfaiteurs dangereux. (1) Une autre statistique, émanée des directeurs de pénitenciers, indique, sur un total de 1.853 prisonniers, 440 individus « absolument incorrigibles » (2).

Les statistiques pénitentiaires des Pays-Bas donnent aussi des résultats caractéristiques. Elles montrent à côté d'une diminution à peu près régulière de la criminalité générale, un accroissement ininterrompu du nombre des récidivistes (3).

ANNÉES	1882	1887	1891
Total des détenus............	22.558	19.774	20.441
Total des récidivistes.........	5.244	6.505	7.627

La promulgation du nouveau Code pénal, où ont pris place dans une large mesure les idées scientifiques modernes, n'a donc pas arrêté non plus, en Hollande, la progression du nombre des malfaiteurs d'habitude.

En Prusse, alors que le nombre des détenus diminue ou reste stationnaire, le nombre des récidivistes va sans cesse croissant. De 1875 à 1885, la proportion des récidivistes s'était élevée de 75 à 81 0/0 pour les détenus réclusionnaires, de 48 à 57 0/0 pour les détenus condamnés à l'emprisonnement. Dans l'empire d'Allemagne, la criminalité augmente d'une manière assez

---

(1) *Annuaire statistique de la Suisse,* 1894. p. 328.
(2) *Rec. pénale Suisse,* 1893, p. 292.
(3) *Annuaire statistique des Pays-Bas,* 1894.

régulière, et cette augmentation, est dûe uniquement à l'accroissement de la récidive.

ANNÉES	1882	1892
Nombre des condamnés	Environ 330.000	Environ 389.000
— des récidivistes	82.456	146.691
Proportion des récidivistes...	25 °/₀	37,7 °/₀

De tous ces chiffres, pris au hasard dans les statistiques des divers pays, un grand enseignement semble dès maintenant se dégager. Quel que soit le sens dans lequel la criminalité évolue, partout nous trouvons le même phénomène, non seulement l'accroissement du chiffre brut de la récidive, mais ce qui est plus significatif, l'élévation progressive de la proportion du nombre des récidivistes au nombre total des condamnés ou des détenus. Il est donc permis de rester sceptique, en présence de la diminution de la criminalité qu'accusent depuis trois ans, les statistiques françaises. « Quelles que soient les atténuations numériques, dit le rapport sur l'année 1892, ce qui n'est pas douteux, c'est le caractère professionnel de plus en plus marqué que la récidive imprime à notre criminalité. » Le nombre des condamnations prononcées contre des récidivistes dont le casier judiciaire est déjà abondamment pourvu augmente de plus en plus. De 1860 à 1892, la proportion des condamnations multipliées, prononcées contre un même individu par le même tribunal, et dans une seule année, s'est élevée de 5,9 0/0 à 11 0/0. De 1851-56 à 1880, le nombre des prévenus récidivistes, condamnés plus de trois fois dans la même année, s'est élevé de 543 à 2.158. On commence à étreindre dans ces chiffres la véritable criminalité professionnelle. Les statistiques allemandes donnent une progression moins effrayante peut-être, mais encore significative. La proportion des récidivistes ayant encouru au moins quatre condamnations s'est élevée entre 1882 et 1892, de 34,2 0/0 à 40,5 0/0 du nombre total des récidivistes. Le délit devient donc le privilège d'une classe de moins en moins nombreuse peut-être dans certains pays, mais de plus en plus criminelle. L'augmentation, effrayante en France, du chiffre des condamnations pour vagabondage ou mendicité, vient confirmer cette observation, si l'on rapproche ce chiffre de la proportion des récidivistes.

ANNÉES	NOMBRE DES PRÉVENUS POUR	
	Vagabondage	Mendicité
1826-30................................	2.910	966
1876-80................................	10.429	7.152
1892....................................	19.356	15.776
Proportion des récidivistes en 1892.	73 %	78 %

Si nous prenons enfin l'histoire statistique du vol, nous voyons que ce délit, lui aussi, devient de plus en plus le monopole des délinquants d'habitude.

ANNÉES	1851-55	1876-80	1892
Nombre des prévenus........	42.053	41.522	53.175
— des récidivistes......	10.098	17.525	23.056
Proportion des récidivistes....	23,8 %	42 %	43,4 %

Ainsi, en France comme dans les pays voisins de civilisation analogue, le grand fait dénoncé par les statistiques criminelles, c'est toujours la « localisation de la criminalité ». L'incorrigibilité reste encore chose inconnue, mais nous avons la preuve que même dans les régimes pénal et pénitentiaire les plus modernes, la répression semble devenir impuissante, de plus en plus, contre une classe assez nombreuse de délinquants. C'est dans ce résidu de la criminalité que peut-être nous trouverons les incorrigibles.

Il s'agit donc maintenant de chercher, sous les chiffres, les hommes.

§ 2. — La Définition des Incorrigibles.

I

Le mouvement d'idées qui, au commencement du siècle, portait l'attention générale vers les réformes pénitentiaires, fit accueillir avec une grande curiosité les premières études des hommes de pratique sur les prisonniers. A côté de descriptions lamentables sur l'état de nos prisons communes, on y voyait, étudié souvent avec précision, tout un monde d'habitués du délit qui paraissaient insensibles à l'action répressive. On retrouvait partout ce type, devenu classique aujourd'hui, du détenu hypocrite, vaniteux, atteint de vices incurables. L'emprisonnement pour lui est un « risque professionnel », la prison un pays de connais- sance, où il raconte les anciens exploits, où il fait des projets pour l'avenir, en nouant des associations utiles, où il enseigne le « métier » aux novices, encore imparfaitement corrompus (1). Ces criminels de profession, dit Ferrus, « n'ont à soutenir aucune lutte avec leur conscience, qu'ils appellent la *muette* dans leur énergique argot ». Ils se considèrent non comme des coupables, mais comme des joueurs malheureux, et sont absolument incorrigibles.

Ces incorrigibles, on les représentait comme des individus énergiques, doués quelquefois d'une intelligence au dessus de la moyenne, mais bien résolus à vivre du délit sans se soucier des lois pénales. Cette conception s'est toujours affirmée depuis cinquante ans, dans les écrits publiés sur les prisons. Elle a été reproduite, lors de la discussion des projets de loi sur la relégation, et pour entraîner les votes, M. Waldeck-Rousseau, dans un langage éloquent, reproduisait devant la chambre des députés cet ancien portrait du récidiviste : un révolté, sorte d'instituteur du délit, enseignant, dans les préaux, un nouveau catéchisme. C'est ce qu'on pourrait appeler la définition pénitentiaire de l'incorrigible.

La prison commune, voilà en effet où l'on croyait trouver, vers le milieu du siècle, la grande cause de la récidive professionnelle (3). C'est la prison commune

---

(1) Baron de Verteuil. *Souvenirs de Sainte-Pélagie*, 1832, p. 216 et suiv.

(2) Ferrus. *Des prisons et des prisonniers*, 1850, p. 182.

(3) Cette explication de la criminalité professionnelle, qui, en grande partie, n'a plus qu'un intérêt historique, est quelquefois reproduite encore aujourd'hui « La prison est le véritable bureau de recrutement de l'armée des malfaiteurs » (Montvalon. *La Récidive*, 1897, p. 7).

qui empêchait l'amendement : quel bon sentiment, dans cet atmosphère vicieux, pouvait résister aux railleries, quelquefois aux menaces des camarades? Le détenu sentait augmenter en lui le sentiment de sa propre déchéance; un faux respect humain lui interdisait les premières résistances, et bientôt il se trouvait étreint par la solidarité honteuse de la prison. Le remords se change insensiblement en révolte et l'esprit ainsi préparé devient une « tablette » où toutes les mauvaises influences laisseront une empreinte qui se renouvellera lors de chaque détention. Étudiant les détenus et leur vie dans le milieu de la prison commune, nos anciens pénalistes étaient donc amenés à établir une relation de cause à effet entre le système pénitentiaire et l'incorrigibilité d'un grand nombre de délinquants.

Peu à peu, cette conception se précise et s'élargit dans l'esprit des savants. Les principes de la nouvelle science pénitentiaire se répandent, et ce sont maintenant toutes les institutions pénales qui paraissent liguées contre le criminel pour le jeter dans la récidive. Après la prison, le casier judiciaire et la surveillance de la haute police (1) étouffent le plus souvent toute tentative de reclassement, et pour lutter contre l'influence des anciennes camaraderies, des habitudes prises, nulle œuvre sérieuse de patronage n'entraîne le libéré. Par dessus tout, le système des courtes peines, généralisé, appliqué indifféremment au délinquant primaire et au récidiviste, vient « énerver la justice pénale » et contribuer à construire le criminel de profession. La courte peine, terrible et corruptrice pour un délinquant

(1) Aujourd'hui remplacée, en France, par l'interdiction de séjour.

d'occasion, devient contre le récidiviste une arme ridicule d'impuissance. Elle est un moyen de varier son existence; c'est une partie du programme de sa vie. Le régime de la prison, il sait s'y plier à merveille. On l'a observé bien souvent; le plus endurci des malfaiteurs devient un détenu docile, exécutant régulièrement l'ouvrage commandé. Les gardiens l'apprécient et lui donnent des notes élogieuses; il est « bien vu de l'administration » dont il facilite la tâche. M. Joly constate même son empressement à assister aux instructions religieuses (cependant facultatives aujourd'hui) 3 0/0 à peine des détenus de nos maisons centrales profitent de la liberté qui leur est laissée à ce point de vue, et M. l'abbé Faure (1) nous raconte que lorsqu'on supprima en 1887 l'assistance obligatoire aux offices religieux, sur 380 détenus catholiques de la Grande Roquette, 8 seulement s'abstinrent.

Mais la parole du prêtre, non plus que la sévérité de la prison, n'a de prise sur ces malheureux. Ils restent incorrigibles malgré les exhortations et les menaces : « Rien, dit l'abbé Moreau, ne peut ramener ces misérables à des sentiments honnêtes, ni l'idée chrétienne, ni leurs intérêts, ni la vue des malheurs dont ils sont la cause » (2).

Voilà donc, semble-t-il l'œuvre du vieux système pénal et pénitentiaire. Mais peut-être alors l'idée de l'incorrigibilité s'élèvera-t-elle comme un défi jeté à la justice. Peut on parler d'incorrigibles si la loi, le juge, la prison, poussent le délinquant, avec une force toujours

(1) Abbé Faure. *Souvenirs de la Grande Roquette.* Paris, 1897, p. 151.
(2) Abbé Moreau. *Monde des Prisons,* p. 19.

croissante, dans la récidive professionnelle? La « *com-plicité sociale* » dont parlait Mme Arenal dans son rap-port sur les incorrigibles au Congrès de Saint-Péters-bourg, ne serait pas une formule vaine, mais la grande cause de l'impuissance actuelle de la peine sur tant de criminels.

On comprendrait cette « ardeur religieuse » avec laquelle nous dit M. Léveillé, certains savants com-battaient à ce congrès l'existence des incorrigibles. Et en effet, les pénalistes qui s'élèvent aujourd'hui contre l'idée de l'incorrigibilité semblent surtout dominés par ce que nous avons appelé la définition pénitentiaire de l'incorrigible. Dans les conclusions présentées au nom de la Société de jurisprudence de Saint-Péterbourg, lors du Congrès de 1890, on dénonce très nettement les institutions pénales et pénitentiaires comme la grande cause de la récidive professionnelle. Les discussions très animées qui passionnèrent les membres du Con-grès, laissent voir qu'en repoussant les incorrigibles, on ne croyait pas combattre une théorie nouvelle et hasardée. C'était une idée du passé, qu'au nom du progrès on voulait rejeter dans le passé : établi sur des bases scientifiques, le système répressif supprimait les insociables.

Tout ce grand mouvement d'études parallèles, sur les prisonniers et sur le système pénitentiaire, dont nous venons de résumer l'histoire, aboutit ainsi à la protestation qui s'est élevée au Congrès de Saint-Péters-bourg. Si les institutions sociales barrent elles-mêmes la route au repentir, il n'y a pas d'incorrigibles, il n' y a que des incorrigés.

II

Parmi les pays les plus avancés dans la réforme pénitentiaire, la Belgique et l'Angleterre offrent, nous l'avons vu, le spectacle d'une diminution de la criminalité générale. En Belgique, le régime cellulaire, appuyé d'œuvres nombreuses de patronage, en Angleterre le système de la servitude pénale et d'autres institutions pénitentiaires donnent un modèle aux autres nations. Et cependant, dans ces deux pays, le problème des incorrigibles appelle l'attention des gouvernements avec la même force qu'en France, qu'en Italie ou qu'en Allemagne. Le Parlement belge a dû voter en 1891 des mesures sévères contre les vagabonds professionnels : il va bientôt discuter une nouvelle loi contre les récidivistes, présentée par M. Lejeune. Et le gouvernement anglais prépare un projet de loi contre les petits délinquants d'habitude.

Ainsi, dès les premiers pas, l'expérience vient démentir ceux qui attribuaient la criminalité professionnelle surtout au mauvais état des systèmes répressifs actuels. Il fallait s'y attendre. Il est bien rare en effet, ce type du récidiviste, dont la corruption procède par étapes. Combien de vagabonds invétérés, pourvus quelquefois de 80 ou 100 condamnations, n'ont jamais commis de vols ou de délits analogues ! Quelques-uns s'en glorifient. Ceux-là n'ont pu être poussés dans la voie criminelle, malgré de nombreux séjours en prison : ce sont de mauvais élèves. Combien d'autres délinquants, dès leur première condamnation, même pour un délit sans importance laissent voir un état moral incurable! On voit paraître bien souvent, ce jeune homme, un enfant parfois, à la profession vague, à l'entourage malsain, aux allures sournoises ou cyniques, arrêté pour la première fois, mais recrue certaine, incontestée pour la récidive.

Tous les vices, toutes les tares des habitués des prisons, contredisent cette influence prépondérante attribuée aux institutions pénales ou pénitentiaires. Rien de tout cela n'a pu naître dans la prison. C'est donc dans la société qu'il faut analyser le délinquant d'habitude pour savoir s'il est incorrigible, et en quel sens il l'est. En un mot, il faut donner sa définition sociale, puisque sa définition pénitentiaire est incomplète.

« Chez le délinquant d'habitude, dit M. Prins, « c'est le facteur social, c'est la collectivité qui entre en scène » (1) Et en effet, pour beaucoup de sociologues et de criminalistes, l'incorrigible est une victime du milieu social.

D'abord, dit-on, c'est presque toujours un être que l'éducation n'a pas armé pour la vie honnête, ou même, souvent, un être que l'éducation a déformé et profondément vicié. On peut voir, dans le beau livre de M. Raux (2) des statistiques douloureuses mais bien instructives. Sur 385 jeunes détenus du quartier correctionnel de Lyon, M. Raux en a trouvé 51 qui avaient été soumis par leurs parents à une surveillance normale. Les autres étaient complétement abandonnés : beaucoup

(1) Ad. Prins : *Criminalité et répression,* page 21
(2) Raux : *Nos jeunes détenus.*

d'entre eux avaient été excités au délit par leurs propres
parents. Sur ces jeunes détenus, 223 appartenaient à
des « familles cosmopolites » privées du père et de la
mère ou de l'un d'eux. Quant aux 162 autres, qui avaient
encore leur père et leur mère au moment de leur arrestation, le plus grand nombre avait été éloigné du foyer
domestique par la misère ou les mauvais traitements.

Voilà donc le milieu où commence à se former le
criminel. La révolution économique, qui a détraqué la
famille ouvrière, laisse l'enfant livré à lui-même, à toutes
les incitations, à toutes les mauvaises influences de la
rue. C'est alors que les premières camaraderies se
nouent. Les plus âgés, déjà pervertis, racontent
leurs aventures : comment l'esprit de l'enfant
pourrait-il résister à l'immoralité qui l'entoure, qui peu à
peu l'imprègne, et se transforme à la longue en incons-
ciente habitude de penser et d'agir ? Le récit d'exploits
souvent imaginaires accomplis par ses camarades à
quelque étalage ou dans quelque cave, sont ses Robinson
et ses Jules Verne. Un premier délit commis souvent à
la suite d'un pari, d'un défi, par vanité, sans intention
sérieuse de voler, comme nous en avons eu personnellement des exemples, voilà la suite de ce travail d'ima-
gination. Si la misère et l'abandon des parents viennent
s'ajouter à ces circonstances déjà si critiques, l'enfant
est une recrue désignée pour le crime professionnel. Ce
sera « neuf fois sur dix, un premier délit commis de
complicité avec un autre individu ordinairement plus âgé
et récidiviste » (1).

Dès lors, le malheureux est étreint par le milieu cri-

____

(1) Emile Laurent. *Les habitués des prisons de Paris,* p. 590.

minel et vicieux. Les tentatives de reclassement, s'il en
est l'objet, viendront se briser contre des tendances
enracinées depuis l'enfance. Le repentir, l'enseignement
moral n'auront plus de prise sur lui. La prison, selon
l'énergie de son tempérament, le transformera en révolté
ou le laissera insensible, en lui enseignant l'hypocrisie
du détenu docile. Est-il nécessaire d'attendre des récidives nombreuses pour prédire qu'il y a là un être perdu
pour la société, un incorrigible en un mot? Si, dit
M. Van Hamel, après la détention, le même milieu doit
reprendre le délinquant, le rejeter dans les anciennes
camaraderies, dans les mêmes tentations, dans les
mêmes souvenirs, la rechute est fatale après une première condamnation. Consultés sur ce point par
M. Stooss, lors de la rédaction de l'avant-projet du Code
pénal fédéral suisse, les directeurs des pénitenciers ont
affirmé que le plus souvent la période d'incorrigibilité
commence dès la première condamnation (1). C'est aussi
ce que semble admettre M. Thiry, dans un rapport présenté au Congrès d'anthropologie criminelle de Bruxelles.
N'est-il pas insensé de croire qu'une deuxième détention,
même plus longue, venant après une corruption toujours
croissante, après l'habitude prise du juge et de la prison,
aura plus d'effet que la première main mise du pouvoir
social sur le condamné? N'est-ce pas là, comme le dit
quelque part M. Prins, une utopie pire que les rêves de
Thomas Morus ou de Campanella?

Dès lors, le délit devient la profession de notre
individu : les moyens lui sont indifférents. Qu'importe,
a-t-on dit, lorsqu'un voleur paraît pour la dixième ou la

____

(1) *Revue pénale suisse,* année 1892, p. 292.

quinzième fois devant la justice, qu'il ait négligé telle ou telle circonstance accessoire du délit? C'est le hasard qui en aura décidé ainsi. Le criminel incorrigible, disait en 1891 M. Van Hamel, au Congrès tenu à Christiania par *l'Union internationale du droit pénal,* est un individu qui attaque la société de tous les côtés. « Tantôt il vagabonde, prenant son pain où il le trouve, tantôt il vit de la prostitution, puis il vole souvent. S'il trouve des camarades qui l'emmènent ou qui sont instruits par lui, ils se mettent à voler ensemble...Pour une grande partie, après quelques années de service, ils ne reculent pas devant des meurtres mêmes : c'est l'*indifférentisme social...* » (1).

C'est qu'après l'éducation, une autre force, mystérieuse celle-là, mal connue encore, est venue repousser le récidiviste encore plus loin de la société: nous voulons parler de l'*imitation,* dont l'importance sociale a été mise en lumière par les études si attachantes de M. Tarde. L'imitation de soi pousse le délinquant à se répéter, l'imitation d'autrui lui suggère de nouvelles pensées criminelles : tout être est porté à imiter ceux de ses semblables qui appartiennent au même groupe social, qui ont les mêmes tendances intellectuelles ou morales. C'est ainsi que chaque jour, le fossé se creuse plus profond « par une sorte de division du travail » (2) entre les honnêtes gens et les coquins, et que « la criminalité se localise en devenant une carrière » (3).

L'imitation prend du reste une importance d'autant plus grande que les conditions de la vie se sont transfor-

(1) *Bulletin de l'Union internationale de droit pénal,* 3ᵉ année p. 295.
(2) G. Tarde. *La criminalité comparée,* p. 84.
(3) Ibidem.

mées depuis un siècle. Aujourd'hui, chacun doit *se créer* sa vie ; on n'est plus soutenu, entraîné en quelque sorte par un milieu étroit d'honnêteté et de travail, où les bons penchants pouvaient être quelquefois contrariés, où les mauvais s'émoussaient et finissaient par disparaître. Les penchants individuels prennent sur la vie de l'homme une importance démésurée ; ils se fortifient par l'imitation et par l'habitude ; le vicieux est de plus en plus vicieux : c'est une sélection à rebours.

Ainsi se dessine de plus en plus la classe des délinquants incorrigibles. Qu'il s'agisse d'un criminel, ou d'un vagabond vulgaire, c'est la même perversité, la même immoralité incurable. N'a-t-on pas il y a quelques années protesté violemment contre l'existence de l'établissement de Merxplas, où la Belgique enferme ses vagabonds incorrigibles, en dévoilant à la Société générale des Prisons l'immoralité profonde de ces malheureux, la corruption inconcevable que provoque leur réunion en grand nombre dans la même maison ? (1).

Plus ou moins énergiques, peut-être, mais tous perdus pour la vie sociale : le vagabond aux nombreuses condamnations qui au commencement de chaque hiver reparaît devant nos tribunaux, n'est pas moins corrompu que le malfaiteur dangereux des grandes villes.

En somme, le grand fait, que révèlent les statistiques et l'étude des conditions actuelles de la vie sociale c'est « la concentration de la criminalité dans certains groupes sociaux » (2). Sur ces groupes, la pénalité, la

___

(1) V. *Revue Pénitentiaire*, année 1893, p. 136 (déclarations de M. Rivière à la séance du 18 janvier 1893).

(2) Ad. Prins. *Rapport au Congrès pénitentiaire international de Saint-Pétersbourg sur la VIe question de la IIe section.*

prison, ne peuvent avoir aucune influence intimidante. Les uns n'ont ni l'intelligence, ni la volonté, ni l'énergie nécessaires pour vaincre des circonstances de milieu très défavorables : ce sont les « parasites ». Les autres, plus dangereux, se font de la vie une sorte de conception philosophique où trône le droit à la paresse et au vol. Tous sont incurables : le milieu social les tient enchaînés. Ils sont, dit l'abbé Moreau, voleurs et assassins « comme d'autres pâtissiers ou fumistes ».

Est-ce à dire qu'il y ait là une incorrigibilité absolue, sans remède, et faut-il déclarer la société impuissante en face de ces êtres ? Ce n'est pas la question, a-t-on dit. Déjà, lors de la discussion de la loi de 1885, on proclamait que la recherche de l'incorrigibilité théorique était une chimère. Au Congrès de Saint-Pétersbourg, personne ne soutint l'incorrigibilité métaphysique : on la nia ou on la déclara inconnaissable. On porta la question sur le terrain de la pratique pénale et pénitentiaire. *En fait*, dit M. Leveillé dans ses conclusions, il y a parmi les malfaiteurs des individus que la peine n'a pas corrigés, *et qui ne présentent plus guère* de chances sérieuses d'amendement. Et M. Prins ajoutait : « Nous ne prétendons pas qu'on ne puisse régénérer un être tombé très bas ».

C'était une concession dangereuse faite aux adversaires de l'incorrigibilité. Cette distinction entre la théorie et la pratique était une transaction destinée à réunir toutes les opinions, mais il n'y a pas là, à notre avis, une notion vraiment scientifique et positive. Est-ce que la sociologie peut placer l'homme en dehors et au-dessus des conditions sociales et physiques dans lesquelles il vit ? Il est impossible de distinguer deux êtres dans le criminel : d'abord une sorte d'entité abstraite, puis un individu jeté dans le milieu social, en déclarant le premier corrigible, le second, incorrigible. Cet « invertébré de la vie morale », comme l'appelle M. Prins lui-même, pour lequel on peut prédire à coup sûr l'inefficacité du régime pénitentiaire, la science l'étudie *dans la société* (1). S'il ne peut s'adapter aux institutions sociales, s'il faut abandonner pour lui tout espoir d'amendement, c'est un incorrigible dans toute la force du mot : voilà la vraie conception sociale de l'incorrigibilité.

Mais ce n'est pas tout. L'incorrigible vient de nous apparaître comme une victime de l'évolution sociale, de l'éducation, du milieu. Pourquoi « sur cent individus placés dans des conditions sociales identiques » (2) quelques-uns seulement deviennent-ils des criminels de professions, alors que les autres restent honnêtes, ou deviennent fous, ou meurent de misère ? L'étude des milieux sociaux ne répond guère à cette question. Elle est donc impuissante à définir entièrement les incorrigibles.

III

La récidive, d'après M. Ferri, est en moyenne, en Europe, de 50 0/0. Rapprochant de ce chiffre les conclusions émises par Lombroso et par lui-même à la suite

(1) De même qu'on ne place pas un animal dans le vide pour se rendre compte du fonctionnement des poumons.
(2) Argument habituel de MM. Lombroso et Ferri.

de leurs recherches anthropologiques, le maître italien pousse un cri de triomphe : « tout devient lumineux ». Les 50 0/0 de délinquants (1) présentant cet ensemble d'anomalies anatomiques, physiologiques, et psychologiques, qui caractérisent le criminel-né, ce sont les mêmes individus contre lesquels, d'après la statistique, le système répressif reste impuissant (2).

Ainsi, l'incorrigible n'est plus cet être, entraîné dans d'irrésistibles courants sociaux, que nous avons essayé de décrire. La cause active de l'incorrigibilité réside dans l'individu lui-même. Ce sont les tares de son organisme, qui par une relation causale mystérieuse, font de l'homme cette « bête fauve lancée à travers la société » qu'on appelle le criminel-né. Sans doute, les anthropologistes italiens, et M. Ferri plus qu'aucun autre, ont toujours protesté contre toute conception de l'homme criminel qui tiendrait uniquement compte des influences anatomiques et physiologiques. Ils ont toujours dit ou laissé dire que le crime est le produit des trois facteurs physique, moral, social, et qu'il est impossible d'isoler l'un ou l'autre de ces facteurs pour lui attribuer une influence unique ou pour lui refuser toute influence (3). Pour renouveler une image déjà bien ancienne du docteur Lacassagne, la société est peut-être le bouillon de culture de la criminalité, mais le criminel en est le microbe. Bouillon de culture et microbe sont tous deux indispensables à l'éclosion du délit.

Et, dans les belles études de M. Garofalo (4) on voit

(1) Exactement 47 0/0 (Lombroso).
(2) Ferri, *la Sociologie criminelle* (2ᵉ éd. française), p. 89., Cpr. ibid, p. 93.
(3) V. Ferri. Op. cit., passim.
(4) Garofalo. *La Criminologie.*

décrit, avec une force saisissante, ce tpye du criminel incorrigible que son organisation rend inadaptable à la vie sociale. Le délinquant d'occasion, dans le cours de son évolution individuelle, peut se trouver une fois, plusieurs fois peut être en conflit avec telle ou telle loi sociale. Ici rien de pareil. L'organisation tout entière de l'individu proteste contre l'existence de la société. Il ne peut vivre dans le milieu social, comme un Samoyède ne peut vivre sous l'équateur, comme un poisson ne peut vivre hors de l'eau. C'est un « délinquant de nature » (1). Pour lui le crime est une *fonction*.

Il est donc vrai que le crime ne se conçoit pas en dehors d'une organisation sociale déterminée. Mais il n'en reste pas moins exact que pour l'école italienne l'organisation de l'individu est la cause directe du délit. Et cela est si vrai que toute la classification des criminels tentée par M. Ferri repose sur ce principe fondamental. A côté du criminel instinctif, incorrigible né, qui possède un jeu complet d'anomalies, nous voyons un criminel d'occasion, moins riche, pourvu seulement d'une ou deux anomalies et que les circonstances sociales plus ou moins favorables, tantôt replacent dans la vie honnête, tantôt transforment en criminel d'habitude (2). C'est le triomphe du nombre !

Ainsi l'incorrigible est bien un être qui se distingue des autres hommes, des hommes sociables, par un ensemble de caractères anthropologiques particuliers. Nous touchons donc, semble-t-il, avec l'école italienne, à cette incorrigibilité absolue, je n'ose dire métaphysique,

(1) *Zustandverbrecher* (Von Liszt).
(2) *Actes du Congrès d'anthropologie criminelle de Rome*, 1885, p. 8.

que le Congrès de Saint-Pétersbourg se refusait à admettre. Car, si le criminel-né n'est pas un incorrigible, nous demandons quelle est la signification des anomalies qui le constituent ? Si ces anomalies peuvent produire tantôt un délinquant, tantôt un honnête homme, nous demandons où est la relation causale dont nous parlions tout à l'heure, et que les disciples de Lombroso veulent établir entre le délit et les tares du criminel ? Eh bien, sur toutes ces questions, il n'y a plus de contradiction, il n'y a plus de contestation possible. La toute puissance de l'anomalie a été niée au Congrès d'anthropologie criminelle de Genève par M. Ferri et par Lombroso lui-même. Jamais, paraît-il, l'école italienne n'a parlé d'un criminel qui soit inévitablement forcé à commettre des crimes, quelles que soient les conditions dans lesquelles il pourra vivre et agir. L'anomalie devient une simple « prédisposition au crime ». Il y a donc des individus offrant tous les caractères du criminel-né, et qui mènent une vie honnête, grâce à des circonstances sociales favorables. De même, dit M. Ferri (1) « il y a des phtisiques nés, avec une prédisposition congénitale et héréditaire à la phtisie, et qui peuvent ne pas mourir phtisiques, s'ils ont le bonheur de vivre dans des conditions hygiéniques exceptionnellement favorables. » Et un disciple enthousiaste mais maladroit de M. Lombroso ajoute : « Il y a une classe de gens poussés par leur organisation à *commettre des crimes en tous lieux et en tous temps*. De tels hommes sont scientifiquement parlant des criminels, *malgré qu'ils ne commettent pas de crimes !* » (2).

(1) *Revue scientifique*, numéro du 7 novembre 1896.
(2) Bleuler. *Der goberene Verbrecher*.

Nous n'avons ici en vue que les incorrigibles : nous pourrions donc nous arrêter, puisque de l'aveu des maitres italiens, le criminel-né n'est pas forcément un incorrigible (ni même forcément un criminel !) Nous ne nous contenterons pas de si peu. Cette conception du criminel né honnête, nous parait être tout aussi anti-scientifique, tout aussi étrange sous la plume d'un sociologue que la conception de l'incorrigible corrigible des congressistes de Saint-Pétersbourg. C'est toujours la même séparation arbitraire entre l'homme pris dans le milieu social, et je ne sais quelle entité métaphysique ou anthropologique, que l'on crée de toutes pièces selon la méthode de Jean-Jacques Rousseau.

Qui donc a de nouveau soulevé, au Congrès de Genève, qui a essayé de prolonger toujours ce que M. Ferri appelle le « grand malentendu scientifique » ? (1). Si quelque chose doit s'ajouter à l'anomalie pour produire l'incorrigible, ou même pour produire le criminel, l'anomalie perd toute signification. Dira-t-on qu'elle subsiste comme prédisposition au crime ? On pourrait dire avec tout autant de raison qu'elle est une prédisposition à l'honnêteté et à la vertu ! Avec quelle balance les anthropologistes ont ils donc mesuré les influences sociales qui pèsent sur l'âme humaine et la conduisent dans le vice, pour venir prétendre après coup que ces influences sociales, à elles seules, sont impuissantes à expliquer la criminalité ? Insignifiante lorsqu'on la rencontre chez l'homme honnête, l'anormalité prend chez le criminel, sans qu'on sache pourquoi ni comment, une importance prépondérante. Pourquoi « appeler poutre chez un

____

(1) *Revue scientifique* (n° déjà cité).

criminel ce qu'on appelle paille chez un honnête homme ? » (1)

Puisque sur cent individus présentant les mêmes anomalies, les uns deviennent fous, d'autres malades, d'autres restent honnêtes et valides, il est antiscientifique, lorsqu'on rencontre l'anomalie chez un incorrigible, de l'appeler un criminel-né. « Les atypies, dit M. Von Liszt, (2) se rencontrent aussi chez les fous, les idiots, les épileptiques, les aventuriers, chez les hommes bien doués. Ainsi disparait le type du délinquant-né et le penchant inné au crime... »

Ce qu'il y a de remarquable, dans ces célèbres débats du Congrès de Genève en 1896, c'est l'acharnement des maitres italiens à conserver les vieilles formules, alors qu'ils abandonnent leurs anciennes théories. Comment ! ce criminel-né, cet inadaptable, ce fauve, contre lequel, nous le verrons plus loin, on nous propose une élimination impitoyable, un véritable système de débarras, en justifiant précisément ces mesures par les soi-disantes conclusions de l'anthropologie, ce n'est plus l' « *uomo délinquente* », ce n'est plus l'homme aux anomalies ? La définition de l'incorrigible, pour la troisième fois, glisse dans nos mains et nous échappe.

Ainsi, le criminel-né, c'est un mot vide de sens ! Quelle est alors l'opinion des anthropologistes italiens sur l'incorrigibilité et sur les incorrigibles ? S'en tiennent-ils à la notion timide et peu compréhensible donnée au Congrès de Saint-Pétersbourg ? Y a-t-il encore dans leur pensée des êtres définitivement perdus pour la vie

(1) Manouvrier dans *Actes du Congrès d'anthropologie criminelle de Paris*, p. 32.
(2) *Rapport au Congrès d'anthr. crim. de Bruxelles*. Actes, p. 93.

sociale ? Quelle est alors la cause de leur maladie incurable ?

Nous n'en savons plus rien, nous n'en saurons jamais rien. Il n'y a plus d'idée générale, il n'y a plus de boussole pour nous guider dans cet amas d'observations, exactes ou non, que nous offre la littérature lombrosienne. Pourquoi donc, maintenant, vient-on nous parler, dans les revues, du « retour offensif », de la « sensationnelle rentrée en scène » de l'école italienne, au Congrès de Genève, après son abstention si remarquée au Congrès de Bruxelles ? (1). On nous a fourni à Genève un lombrosianisme d'exportation, où ont pris place, dans la plus étrange des combinaisons, les critiques victorieuses dirigées, dans les Congrès précédents (2) contre les idées du professeur de Turin. C'est peut-être ce lombrosianisme, qui selon l'expression de M. Tarde, « entrave les progrès de l'anthropologie criminelle » et que l'on « aurait dû liquider ». Quant à l'autre, quant au lombrosianisme à l'usage interne, si j'ose dire, il n'a plus besoin d'être discuté ni liquidé : il s'est suicidé lui-même (3).

(1) M. Lombroso, M. Ferri, M. Garofalo, n'assistaient pas au Congrès tenu à Bruxelles en 1893. V. Gautier dans *Revue pénale Suisse*, 1896, p. 218.

(2) A ce point de vue, la comparaison des discussions qui eurent lieu au Congrès de Paris, avec celles du Congrès de Genève, montre bien quelle influence pénétrante ont eues sur les deuxièmes les critiques lumineuses de MM. Tarde, Brouardel, Magnan, Manouvrier, etc.

(2) V. Discours de M. Tarde à la Société des prisons (*Rec. pén.*, déc. 1896).

IV

Si, comme les influences pénitentiaires ou sociales, les conditions anthropologiques du délinquant sont impuissantes à expliquer à elles seules la criminalité professionnelle, la définition de l'incorrigibilité nous échappe encore, au moment où nous pensions l'étreindre.

Et cependant, à mesure que nous avançons, l'individualité du délinquant d'habitude se dessine et s'éclaire. Au début, que connaissions-nous de ce détenu balloté de prison en prison? Quel que fût son nom, quel que fût son casier judiciaire, c'était toujours la même vague et imprécise figure : la stérilité de la prison restait, seule, en face de cette force mystérieuse qui poussait le criminel. Qui pouvait affirmer que sous ce terne manteau de vices qui voilait l'âme du détenu, ne se cachait pas une corde qu'il serait possible de faire vibrer? C'est alors que nous avons commencé à pénétrer le domaine des pensées. Le délinquant professionnel, nous l'avons vu plongé dans un milieu social qui le poussait au crime, sans qu'aucun bon sentiment, donné par l'éducation, vint résister à cette impulsion : nous avons assisté à la formation psychologique de l'incorrigible.

Nous trouvions ainsi une classe d'individus qui, dans les conditions de leur milieu, paraissaient absolument réfractaires à la vie sociale. Mais cette conception ne tenait compte que des facteurs généraux, agissant sur les masses : elle nous donnait une demi vérité, mais elle n'expliquait pas encore les incorrigibles.

Avec l'école italienne, nous arrivions enfin à une com-
préhension complète du délinquant d'habitude : M. Lombroso, M. Ferri se sont eux-mêmes chargés de démontrer la fausseté du système des anomalies. Est-ce à dire
que tout soit à rejeter dans les conclusions et surtout
dans la méthode de l'école anthropologique ? L'expérience de tous les jours protesterait contre une solution
aussi exorbitante.

Le délinquant d'habitude de M. Van Hamel, produit
du milieu social, qui exerce son activité criminelle dans
toutes les directions, parce que le crime est devenu pour
lui une profession, n'est pas le seul type de l'incorrigible. Le paysan flamand, que nous décrit M. Prins,
amateur de batailles, et dont aucune répression ne
peut endiguer le tempérament violent ; la femme,
placée quelquefois dans un milieu honorable, qui malgré
les mois de prison, ne peut résister à la manie du vol ;
ces délinquants de mœurs, dont le casier judiciaire ne
contient que des délits d'une nature spéciale ; ces alcooliques, aux nombreuses condamnations pour rébellion,
outrages, ivresse, etc., ces vagabonds qui ont pour spécialité l'incendie des meules, voilà bien des habitués de
nos tribunaux qui, souvent, paraissent incorrigibles. Et
pourtant ce n'est pas l'influence du milieu social qui les
a perdus !

Ces spécialistes, du crime ne seraient-ils pas les
vrais « délinquants de nature » *(Zustandverbrecher)*
ceux que la prison ne pourra jamais corriger, quelles
que soient les conditions sociales dans lesquelles ils se
trouvent ? C'est dans cette catégorie de délinquants que
l'on trouve les casiers judiciaires les plus chargés. La
Revue pénale suisse a publié en 1893 des extraits des

« *Strafregistern* » du canton de Berne ; ils viennent illustrer nos affirmations d'une manière saisissante. On y voit de nombreuses biographies criminelles, émaillées de 100 et même de 150 condamnations. La très grande majorité de ces biographies sont celles de délinquants alcooliques, coutumiers de délits de coups, scandale nocturne, outrages, etc. Le vol n'est qu'un accident dans leur carrière criminelle ; et cependant ni la prison, même prolongée, ni la maison de travail, n'ont pu dompter ces natures rebelles.

Il nous est tout aussi difficile de trouver l'influence unique ou même prépondérante des facteurs sociaux, chez ces vagabonds, aux innombrables condamnations, qui l'été parcourent nos campagnes, et, l'hiver, viennent exercer dans nos villes de vagues professions plus ou moins voisines de la mendicité. Le vagabond exclusivement vagabond n'est pas une chimère. M. Homberg nous l'a dévoilé en publiant un certain nombre de casiers judiciaires bien instructifs. Bien souvent, nous l'avons vu paraître devant nos tribunaux, avec des allures qui contrastent avec le cynisme de certains délinquants d'habitude. Ce n'est pas le milieu social qui corrompt ces malheureux puisqu'ils restent sur la limite extrême de la criminalité sans jamais la dépasser. Ils ne font pas partie de l'armée des antisociaux ; et cependant ils sont radicalement incorrigibles.

Que reste-t-il ? Le véritable criminel de profession, l'incorrigible de M. Van Hamel. Son casier judiciaire ne présente pas toujours de nombreuses condamnations, car il arrive bientôt aux longues peines. Qu'il soit principalement voleur, souteneur, vagabond ou auteur d'attaques nocturnes, c'est toujours la même volonté de ne vivre que du délit. Les moyens lui sont indifférents et la crainte d'une répression sévère peut seule l'éloigner des plus grands crimes. Allons-nous trouver enfin chez ces professionnels dans le vrai sens du mot l'influence prépondérante des facteurs sociaux, et faut-il avec M. Ferri séparer nettement les instinctifs (1) du délinquant incorrigible par habitude acquise. Au point où nous sommes arrivés, la question peut paraître oiseuse pour un juriste. Est-ce l'incorrigibilité théorique et absolue que nous cherchons ? Mais qui nous dira si certaines influences sociales, sagement combinées, n'auraient pas pu tenir en échec les tendances criminelles révélées par un premier délit ? N'avons-nous pas montré l'inanité de la théorie du criminel-né ?

Dans la mystérieuse élaboration de l'homme moral, connaître la part de l'individu et la part de la société, peut être est-ce possible à l'heure où les éléments se cherchent encore et se combinent. Mais lorsque la cristallisation s'est opérée, il n'y a plus ni influence sociale ni influence du facteur individuel. Il y a une cellule sociale, ou, si l'on préfère, un élément de la société plus ou moins adapté à la vie collective. Et si cette cellule sociale entre en révolte contre l'organisme tout entier, qu'importe l'ouvrier qui a produit cette contradiction ? C'est le choc de deux évolutions : l'individu n'en peut sortir que brisé.

Laissons donc ces discussions sur l'incorrigibilité plus ou moins théorique, plus ou moins métaphysique du délinquant d'habitude. Les rivières ne remontent pas

______

(1) Ce qui, sous la plume de M. Ferri, est sans doute un euphémisme pour désigner les criminels-nés.

vers leur source. Et s'il existe vraiment, cet être dont toutes les forces tendent vers le crime, comme toutes les lois d'un état bien constitué tendent vers la liberté ou vers le despotisme, il restera toujours un insociable.

Ainsi, la physionomie des délinquants d'habitude commence à nous apparaître sous des aspects multiples : il reste à les étudier de très près, pour savoir si réellement l'incorrigibilité existe telle que nous venons de la définir.

§ 3. — La Classification des Incorrigibles.

I

Quelle que soit l'importance respective des divers facteurs de l'incorrigibilité, il est donc indispensable, pour bien connaitre les incorrigibles, de les séparer en groupes distincts. Ce n'est pas là une idée nouvelle. Déjà, en 1840, un médecin des prisons, Ferrus (1), essayait de classer, suivant leurs caractères physiologiques et psychologiques, les habitués des prisons qu'il avait étudiés : il sera utile de reproduire ces premiers essais de la science.

Dans une première catégorie, Ferrus place des « détenus doués en général de ressources intellectuelles supérieures à la moyenne et que conduisent au mal les tendances de leur organisation ». L'hérédité joue un grand rôle pour cette catégorie de criminels ainsi que la

(1) Ferrus, op. cit., pp. 182 et suiv.

contagion familiale ; elle aboutit à créer cette classe de criminels dépourvus de sens moral (c'est presque la folie morale de Lombroso !) qui se considèrent comme des « joueurs malheureux » et non comme des coupables. Ce sont les révoltés de la criminalité : on peut les considérer comme décidément incorrigibles.

Dans un deuxième groupe, Ferrus range les criminels par habitude acquise, des individus à intelligence peu développée, que l'habitude du vagabondage et des fréquentations malsaines a insensiblement dépravés. Y a-t-il aussi dans ce groupe des criminels incorrigibles ? Sur ce point notre auteur reste muet, mais ce n'est pas douteux. Cependant, puisque nous nous en tenons ici aux définitions de Ferrus, il semble bien qu'en arrachant ces malheureux aux influences extérieures qui les enserrent, il serait possible, sinon de les reclasser, tout au moins d'en tirer un parti utile dans quelque colonie.

Enfin la troisième classe de criminels d'habitude comprend, selon Ferrus, des hommes à intelligence rudimentaire sans doute, mais dont la tare fondamentale est une absence complète d'énergie morale : toute occupation suivie leur est impossible. Là encore il semble y avoir une incorrigibilité radicale, ou plutôt une sorte de faiblesse incurable.

— L'un des grands mérites de cette classification, était qu'elle séparait nettement les incorrigibles suivant le degré du danger qu'ils font courir à la société. Il y avait là une idée féconde, qui a été depuis reprise et développée, et dont nous verrons bientôt l'immense importance pratique.

Ce qui distingue le plus les criminels d'habitude, d'après cette classification, c'est leur énergie morale plus ou moins grande. La corruption et l'immoralité des petits délinquants ne sont pas moins profondes que celles des criminels endurcis. Le sens moral semble faire défaut à tous ces hommes. Et s'ils restent souvent sur la limite extrême de la criminalité, on ne peut en trouver d'autre explication que dans leur impuissance physique et mentale (1).

Cependant cette idée nous paraît être à elle seule, très insuffisante pour classer les incorrigibles. L'impuissance plus ou moins grande de la volonté, est un facteur très général qui crée une sorte d'échelle criminelle : mais parmi ceux qui se trouvent sur le même échelon, il y a encore des différences irréductibles, selon les formes diverses que peut prendre la criminalité.

II

La première classe criminelle, que révèle l'observation de tous les jours, est celle des malfaiteurs dangereux de nos grandes villes. Leur caractéristique, c'est « l'absence du sentiment de pitié » (Garofalo); pratiquement, ce sont des professionnels du crime. Leur casier judiciaire est chargé de condamnations pour les infractions les plus diverses. Le plus souvent, il s'agit de vols qualifiés, de mendicité avec menaces. A cela s'ajoutent des condam-

______

(1) Nous avons déjà mentionné l'impression profonde, que laissait à ce point de vue, à certains savants, la visite de Merxplas. En France, des plaintes se sont élevées à maintes reprises contre l'immoralité qui règne dans nos dépôts de mendicité. V. J. de Crisenoy. *Annales des Assemblées départementales,* passim, et 1892, p. 341.

nations pour coups et blessures, rébellion, etc. Quelquefois il s'agit d'escrocs professionnels.

L'intelligence et l'énergie de ces criminels se démon-
trent par la facilité avec laquelle ils nouent des associations. Certes, ce ne sont pas les bandes organisées et
permanentes d'autrefois. L'association criminelle a pris
de nos jours une forme plus fuyante (1). Ce sont des combinaisons de coups à faire ; le crime accompli, on se sépare.
Ce n'est pas que la solidarité professionnelle ait diminué
dans le monde des criminels ; les dénonciations y sont
toujours assez rares. Mais les progrès de la police con-
traignent les malfaiteurs à une guerre de tirailleurs peu
compatible avec une discipline permanente.

Ces tendances nouvelles de l'association sont encore
une preuve de cette condensation de la criminalité si
souvent signalée aujourd'hui. Cette indifférence à choisir
les complices à droite ou à gauche semble indiquer à la
fois une plus grande cohésion du groupe criminel, et
une ressemblance toujours croissante entre les membres
de ce groupe. Si les petites associations de malfaiteurs
s'évanouissent, c'est peut-être par une évolution analogue à celle qui détruit peu à peu les différences de
mœurs entre les diverses provinces, et resserre les
nationalités. La Société criminelle se dresse de plus en
plus irréconciliable et se sépare de plus en plus de
l'humanité. On s'expliquerait alors que malgré la
diminution du nombre des criminels dont nous parlons,
malgré toutes les atténuations passées, présentes ou
futures des statistiques, l'attention des savants et

(1) V. Laurent. *Les Habitués des Prisons de Paris,* p. 537 et
suivantes.

l'inquiétude de l'opinion publique se portent vers la question de la criminalité comme vers une des plus graves questions sociales actuelles. Ce n'est pas que le groupe criminel puisse jamais constituer un « parti » comme le dit M. Joseph Reinach, ou un « cinquième » état, selon une expression courante. Mais nous sommes loin de partager l'optimisme de M. Tarde, qui dans cette différenciation toujours croissante de l'honnêteté et du vice, croit voir un progrès social et un heureux augure pour l'avenir. La lutte se caractérise et se limite de plus en plus, c'est vrai, contre la criminalité professionnelle. Mais un fait nouveau vient donner aux inquiétudes dont je parlais la plus éclatante justification, il s'agit de l'intervention du public criminel dans nos luttes politiques et sociales : cette intervention donne peut-être au problème de la criminalité professionnelle une signification nouvelle : c'est la révolte de plus en plus audacieuse, contre la vie sociale. Que ces criminels soient radicalement incorrigibles, dans toute la force du mot, cela ne fait aucun doute pour nous. Leur incorrigibilité se fortifie de la conception même qu'ils se font de la vie : ils raisonnent leur révolte.

M. Van Hamel place, dans la catégorie des criminels dont nous venons de parler, les « souteneurs ». Avec ceux-ci, nous restons encore dans l'incorrigibilité active, et ce sont aussi des professionnels. Le souteneur ne connaît presque jamais de métier. Relégué, les voyageurs et les rapports officiels s'accordent à dire que sa main d'œuvre est détestable : il ne veut pas travailler. Comme le malfaiteur de profession, il a la volonté bien arrêtée de vivre « en marge » de la société : il est tout aussi dangereux. D'abord il n'hésite pas, si l'occasion criminelle se présente. En second lieu, plus encore que son collègue, il tend de nos jours à intervenir dans nos luttes sociales. Le souteneur se remarque par une immoralité profonde. A Merxplas, on a dû créer pour lui un quartier d'isolement : on l'a jugé trop corrompu pour le mêler sans danger à la corruption déjà grande des malfaiteurs d'habitude. Ce sont des êtres perdus.

Les souteneurs doivent donc être rangés dans une classe à part. C'est d'ailleurs un fait d'observation courante que beaucoup d'entre eux s'abstiennent de violer ouvertement les lois pénales. Souvent ce ne sont pas des habitués des prisons (1).

Le malfaiteur et le souteneur professionnels de nos grandes villes apparaissent donc au premier rang de la hiérarchie des incorrigibles. Ce sont les plus dangereux : c'est contre eux que l'opinion publique demande une répression impitoyable, et c'est eux que l'on voulait frapper en établissant la relégation.

Mais ils ne sont qu'une minorité.

III

Après les révoltés, nous arrivons aux impuissants.

Il est naturel d'opposer aux malfaiteurs dangereux cette tourbe de professionnels que M. Van Hamel appelle le « petit danger », coutumiers encore de délits de vol ou

____

(1) On a même été obligé, en Belgique et en France, de créer pour les atteindre des textes spéciaux. Les souteneurs peuvent donc être rangés dans ce qu'on appelle quelquefois la *classe sous-criminelle*.

d'escroquerie, mais que l'ivresse, le vagabondage et la mendicité ramènent sans cesse devant nos tribunaux. Les directeurs des pénitenciers suisses, dans l'enquête dont nous avons parlé, indiquent que cette classe de délinquants constitue la très grande majorité des incorrigibles (1). Ce qui les caractérise, c'est le défaut d'énergie : ce sont des êtres passifs. Leur faiblesse les a empêchés de résister à des circonstances de milieu très défavorables. Généralement ils ne présentent pas de tares dégénératives très accusées : mais leur faiblesse les conduit à l'alcoolisme. C'est ce que démontre l'étude des casiers judiciaires publiés par la *Revue pénale suisse*. Ces petits délinquants ont à leur actif les délits les plus divers. Nous voyons dans l'un de ces casiers, sur 112 condamnations prononcées dans l'espace de 42 ans, 27 condamnations pour vol, 26 pour vagabondage, 7 pour mendicité, 5 pour ivresse, 12 pour « scandale », puis des condamnations pour rébellion, outrages aux mœurs, etc. Dans un autre de ces casiers contenant 56 condamnations prononcées dans l'espace de 17 ans, nous trouvons encore un indifférentisme très prononcé ; mais la faiblesse morale du personnage se montre au grand nombre des condamnations pour mendicité (40) en regard du petit nombre des condamnations pour vol (2).

(1) Parmi les détenus réclusionnaires de nos maisons centrales, 59,04 % ont des antécédents judiciaires. Pour les condamnés à l'emprisonnement, la proportion est de 72,89 %. (La même constatation a été faite par M. Griffiths : « Les récidivistes se recrutent surtout parmi les individus condamnés à de courtes incarcérations », *Actes du Congrès de Genève*, p. 315.) Ce qui ne veut pas dire, bien entendu, que la courte peine est la grande cause de la récidive : elle est, le plus souvent, un effet et non une cause.

Quelquefois les condamnations pour vol ou escroquerie
ne surviennent qu'après un grand nombre de délits de
vagabondage ou de mendicité. On est alors sans aucun
doute en présence d'une victime de la corruption des
prisons. Voici par exemple un casier qui contient 81 condamnations, subies de 1874 à 1892. (Délinquant né
en 1853.) Jusqu'à la 38ᵉ condamnation (en 1882), nous ne
trouvons que des délits de mendicité ou autres sans
importance. En 1882 seulement, nous voyons apparaitre
le vol.

Tous ces délinquants sont dangereux, dit l'auteur de
la publication, en ce qu'ils tendent à exercer leur activité
criminelle dans toutes les directions. D'ailleurs, ils ne
restent pas toujours, comme on pourrait le croire, sur la
limite des délits plus graves. Les plus énergiques
s'élèvent à l'occasion jusqu'au crime. Si nous sommes
en présence d'une incorrigibilité que semble révéler
seulement une longue série de condamnations, elle n'en
est pas moins significative. Croire que des habitudes
aussi enracinées pourront être arrachées, et que l'on
pourra transformer la mentalité de ces individus par des
moyens pénitentiaires perfectionnés, c'est à notre avis
une véritable hérésie scientifique.

Avec les vagabonds et les mendiants professionnels,
nous arrivons à une classe de délinquants moins dangereux, mais dont le reclassement nous parait être souvent plus chimérique encore. « La mendicité professionnelle est incurable » s'écriait naguère, à la société des
prisons, le directeur de la maison de Nanterre. Rien,
en effet, ne peut vaincre l'inertie du mendiant d'habitude.
Offrez-lui un travail facile et bien rémunéré, « neuf fois sur
dix, il refusera ». S'il accepte, le dégoût viendra au bout

de quelques jours et votre mendiant disparaîtra (1). Dans les prisons, il est impossible de leur imposer un travail sérieux et productif. A leur ignorance de tout métier (2) s'ajoute une apathie insurmontable. L'épuisement nerveux seul les empêche de se lancer dans la voie criminelle. Aussi corrompus que les malfaiteurs de profession, nous le savons déjà (3) nul enseignement ne peut avoir de prise sur eux : il semble même que la corruption s'accumule en eux en raison directe de leur impuissance, à la dépenser au dehors en actes criminels. Si on leur vient en aide, ils s'imaginent que « c'est un appui qui leur est dû » (4). Si on les repousse, ils s'éloignent la menace et l'insulte à la bouche. Souvent des maladies d'une nature spéciale détraquent leur mentalité, et viennent leur interdire toute vie sociale. M. Laurent dans son beau livre sur les habitués des prisons de Paris, nous en cite de nombreux exemples ; l'hémiplégie. l'épilepsie, le rachitisme, les vices contre nature, l'alcoolisme sont le lot commun de ces parasites et viennent leur donner un aspect physique repoussant qui leur interdit toute sérieuse tentative de reclassement, à supposer que cette fantaisie les prenne. C'est du reste l'excuse que nous avons vu donner bien souvent par des mendiants ou des vagabonds professionnels. Si les juges

(1) V. dans Georges Berry. *La mendicité* (Paris, 1897), l'histoire bien suggestive des nombreuses expériences faites par l'auteur ou par des sociétés diverses, dans le but de donner le goût du travail à des mendiants d'habitude : ce n'est qu'une succession d'échecs lamentables.

(2) A Merxplas, sur 4.500 vagabonds et mendiants détenus dans l'établissement, 900 à peine connaissent un métier d'après M. Le Jeune.

(3) V. plus haut, p. 41, note 1.

(4) G. Berry, op. cit.

leur demandent « Mais pourquoi ne pas vous faire embaucher quelque part ? » — Rien qu'à ma vue, répondent-ils on ne m'aurait pas pris. La réponse, malheureusement, est souvent pleine d'à propos. Misère physique et dégénérescence, misère morale et conditions sociales défectueuses, tout se réunit contre eux, tout les rejette en dehors de l'humanité.

Chez beaucoup de ces malheureux, à l'impuissance de la volonté s'ajoute une grande infériorité intellectuelle. Ils ignorent l'art de se conduire dans la vie. Incapables d'une initiative quelconque, d'une impulsion bonne ou mauvaise, la répression devient pour eux un véritable non sens ; la prison pour leur esprit débile est un lieu de repos où leur est assuré une vie animale régulière. Nous placerons dans cette catégorie tous ces miséreux qui au début de la mauvaise saison se font arrêter pour passer quelque temps en prison ; leur défense est toujours la même : je ne suis pas un malfaiteur, je n'ai jamais fait de mal à personne. Imposez leur quelque travail facile et peu fatiguant ils l'accompliront avec docilité. Mais ne leur demandez pas l'effort productif. Peut-être, comme on l'a dit, la discipline sociale est elle trop relâchée pour ces malheureux ; c'est un guide, un chef qui leur manque, ils ne savent qu'obéir. Dans les conditions actuelles de la vie, ils ne sont pas organisés pour vivre en société ; nous sommes ici à l'extrême limite de la criminalité sans doute, mais aussi au dernier degré de l'impuissance humaine : ce sont des incurables, plutôt que des incorrigibles ; mais il faut désespérer de ces êtres qui semblent avoir pour devise ce quatrain mélancolique, qu'un des leurs a gravé dans un asile de nuit de Londres :

Here lies a poor beggar who always was tired ;
For he lived in a world where too much is required ;
Friends, grieve not for me that death doth us sever
For he is going to do nothing ever and ever. (1)

IV

Restent les incorrigibles que l'on pourrait appeler les non professionnels. Ici la criminalité prend une forme spéciale dénotant, chez le délinquant, l'influence de causes purement individuelles, et même souvent pathologiques. Ceci est surtout remarquable chez le délinquant de mœurs. Nous sommes en présence d'individus qui commettent presque exclusivement des délits d'outrages aux mœurs, d'attentats à la pudeur, ou autres du même genre. Souvent ces individus sont des travailleurs sérieux, occupant une situation honorable. Leur maladie les pousse invinciblement dans le délit. La répression est évidemment, pour cette catégorie de délinquants, inutile et même dangereuse : ce sont des malades (2).

Je n'en dirais pas toujours autant des ivrognes incorrigibles. Nous avons ici des casiers judiciaires

(1) Ci-gît un pauvre gueux qui toujours fut fatigué, — Car il vivait dans un monde où l'on exige trop ; — Amis, ne pleurez pas pour lui sur la séparation éternelle — puisqu'il va ne rien faire pour toujours et toujours (cité dans J. de Crisenoy. *Annales des Assemblées départementales*, 1895, p. 239).

(2) Cette catégorie comprend du reste plusieurs variétés de délinquants, se livrant sous l'influence d'une cause évidemment pathologique, à la répétition fréquente du même délit : nous citerons comme exemple les exhibitionnistes.

chargés de condamnations pour ivresse, coups et
blessures, injures et violences envers les représentants
de l'autorité, etc. Lorsque la répression reste décidément impuissante, c'est à la cause qu'il faut s'attaquer,
c'est elle qu'il faut essayer de détruire. Mais beaucoup
de ces malheureux résistent à tout traitement. On a
créé dans divers pays, notamment aux États-Unis et en
Suisse, des asiles, des pénitenciers spéciaux, où l'on
enferme, pendant une longue durée les « buveurs
d'habitude ». Ce n'est pas encore le moment d'étudier
l'organisation de ces maisons : mais tous les directeurs
s'accordent à dire qu'une proportion plus ou moins
grande de ceux qu'on y enferme reste absolument
réfractaire à toute guérison (1). La prison finit de les
corrompre et de les déclasser : ils tombent dans le
vagabondage, et dès lors tout espoir de relèvement
doit être abandonné (2).

Il y a du reste, dans le vagabondage professionnel,
d'autres spécialités semblant relever de la folie autant
que de la criminalité, et exiger tout au moins un traitement d'une nature spéciale. C'est ce qu'on a appelé

(1) D'après M. le docteur Magnan, cette proportion serait de 30 0/0
dans les maisons où l'on garde les buveurs au moins un an ; elle
s'élèverait à 50 0/0 dans les maisons où on les garde moins longtemps
(*Rapport au Congrès pénitentiaire international de 1895*). Des
chiffres analogues ont été donnés par les directeurs des asiles de
buveurs existant en Suisse.

(2) Cependant ces délinquants spéciaux, à l'exemple des vagabonds
ou des mendiants d'habitude, s'abstiennent presque toujours de commettre des délits de vol ou d'escroquerie. Ce sont souvent, dit
M. Laurent (op. cit. p. 568) de bons ouvriers, mais à la moindre
discussion, leur bras obéit à l'impulsion du moment ; ce sont aussi,
très souvent des héréditaires, — V. *1re session du groupe allemand
de l'Union internationale du droit pénal,* (Halle, 1890, en allemand),
pages 77 et suivantes.

le « vagabondage pathologique ». Nous avons déjà cité, comme se présentant assez fréquemment, le vagabond incendiaire de meules ; celui-ci, dit M. le docteur Boëns, peut-être une nature douce et bonne, appliquée au travail qu'on lui impose, capable même de certains efforts ; mais sa maladie le rend insensible à l'action pénale (1).

Nous serions assez disposé à placer dans une de ces catégories la femme délinquante incorrigible. En effet, on rencontre rarement chez la femme l'indifférentisme social du malfaiteur professionnel. La grande majorité des délinquantes d'habitude est composée de malheureuses adonnées à l'ivrognerie, et que leur vice a conduit à la mendicité et au vol. Le reste se compose de cleptomanes, femmes possédant souvent une position sociale honorable, entraînées au délit par une force irrésistible. Ce sont les voleuses de magasin, dont nous avons déjà dit un mot, les voleuses domestiques, les videuses de poches, etc. (2). On s'expliquerait ainsi cette perversité moindre que certains voyageurs signalent chez les femmes reléguées. « Les femmes réléguées dit M. Paul Mimande, sont infiniment meilleures que leurs collègues masculins » (3).

Ce n'est pas que le reclassement, pour la délinquante d'habitude, soit moins problématique. Il suffit, pour être édifié sur leur incorrigibilité, de lire les casiers judiciaires opulents publiés dans la *Revue pénale suisse*. Tous les vices s'y montrent. Serait-ce alors que la véri-

(1) *Revue Pénitentiaire,* année 1879, page 109.
(2) Pauline Tarnowsky. *Études sur les prostituées et sur les voleuses,* p. 132.
(3) Paul Mimande, *Criminopolis,* page 298.

table criminalité professionnelle de la femme consiste le plus souvent dans la prostitution? On l'a prétendu, M. Lombroso a découvert la rareté relative du type criminel chez la femme délinquante (4 0/0), sa fréquence inattendue chez la prostituée (43 0/0).

D'autres, M. Tarde en particulier, ont refusé de voir dans la prostitution l' « exutoire » de la criminalité féminine. Ce qui est certain, c'est que la même grande cause semble amener, chez l'homme, la mendicité et le vagabondage, chez la femme, la prostitution. C'est toujours (quelles que soient les circonstances individuelles) la même paresse incurable, la même insurrection contre la loi du travail, quelquefois la même impuissance de l'énergie mentale. Mais ici nous sortons encore une fois des limites de la loi pénale, pour entrer dans le domaine des réformes sociales.

Nous voici arrivés au terme de notre route. Nous avons montré combien était superficielle et insuffisante cette conception qui voit dans l'incorrigible un être révolté contre toutes les lois sociales, disposé à tous les crimes. La vérité est plus complexe. Nous verrons si contre tous ces hommes, également voués au délit, la société doit se dresser, impitoyable, armée de la même peine terrible et définitive; nous verrons si le même régime peut être imposé à tous, s'il faut les confondre dans la même expiation.

Mais nous pouvons le dire maintenant, la vérité, si elle est plus complexe qu'on ne pouvait le penser, est peut être aussi plus attristante. Combien timides paraissent les périphrases des congressistes de Saint-Pétersbourg (1) lorsqu'elles s'appliquent à ces mal-

______

(1) Résolution votée par le Congrès de Saint-Pétersbourg : *Sans*

heureux perdus, je ne dis pas encore pour toute vie sociale, mais tout au moins pour la vie véritablement sociale, celle qui est faite de l'effort et du mieux désiré. Oui, malheureusement, il y a des êtres incorrigibles. Si la société, par le défaut de ses institutions ou par l'égoïsme de ses membres, les a rejetés de son sein, contribuant ainsi à les perdre, ce n'est pas une raison pour les nier, et ce ne sera pas une raison pour tolérer leurs actes criminels. D'ailleurs, personne n'a songé à revenir aux cruautés du moyen âge; car « c'est surtout vis-à-vis de ces êtres qui ne parviennent pas à vaincre la destinée, que surgit dans le cœur le sentiment de l'austère pitié ». Allons donc à eux, bien qu'ils soient inutiles, « comme dans les champs de bataille on va aux blessés bien qu'ils ne soient plus qu'un embarras dans la mêlée » (1).

Mais, s'il faut les aimer, c'est d'un amour un peu mélancolique, parce qu'il est désespéré.

admettre qu'au point de vue pénal et pénitentiaire, il y ait des criminels ou délinquants absolument incorrigibles, comme cependant l'expérience démontre qu'en fait il y a des individus qui résistent à cette double action pénale et pénitentiaire, et reviennent par habitude et comme par profession à enfreindre les lois, etc.

(1) Prins. *Rapport au Congrès pénitentiaire international de Saint-Pétersbourg.*

CHAPITRE II

HISTOIRE ET THÉORIE GÉNÉRALE
DE L'ÉLIMINATION ; ORGANISATION DE LA SENTENCE ;
PROCÉDURE

§ 1ᵉʳ. — Résumé Historique

Les peuples anciens, et en particulier les Romains, ne semblent pas avoir eu de système bien arrêté sur la répression de la récidive. On trouve à peine, dans les compilations justiennes, quelques textes (1) qui font allusion, dans des cas particuliers, en matière de vol par exemple, à la sévérité croissante qu'exige la perversité du criminel d'habitude ; de même, on peut citer, dans les autres législations antiques, quelques rares dispositions dirigées contre les récidivistes (2).

(1) Cités dans Ortolan, *Éléments de droit pénal*, 3ᵉ édition, tome 1ᵉʳ, p. 510. C'est en vain que l'on a prétendu pouvoir reconstruire le système répressif des Romains en matière de récidive. V. sur cette question Bonneville de Marsangy. *De la Récidive.* — De Montvalon *La Récidive*, Paris, 1897).

(2) D'après les anciennes lois de l'Inde, le voleur était puni pour la première fois, de la mutilation de la main, pour la deuxième fois, de la mutilation du pied, pour la troisième fois, de mort. (*V. Revue pénitentiaire*, 1896, p. 1.187). On rapprochera ces dispositions des peines édictées par le moyen âge contre le vol (voyez ci-dessous).

Et cependant, l'antiquité connaissait la plus terrible des peines d'élimination : c'était l'exil, l'interdiction de l'eau et du feu, qui rejetait les grands coupables en dehors de toute communion familiale et sociale (1). « Qu'il fuie, disait la sentence, et qu'il n'approche jamais des temples ; que nul citoyen ne lui parle ni ne le reçoive, que nul ne l'admette aux prières ni aux sacrifices, que nul ne lui présente l'eau lustrale » (2).

Dans la société antique, quiconque veut s'affranchir du despotisme qui étouffe les individus, est un ennemi qu'il faut abattre, et lorsque dans un passage souvent cité, Platon propose la peine de mort contre les incorrigibles (3), lorsque Aristote dit que « le criminel incorrigible doit être rendu inoffensif », c'est surtout l'attentat à l'omnipotence de la cité, à son organisation religieuse et politique, qu'ils veulent réprimer (4). Quant au véritable malfaiteur de profession, dans le sens moderne, l'antiquité l'ignore à peu près complétement, ou pour mieux dire, le droit pénal antique l'ignore. C'est un pirate, un mercenaire pillard, mais il s'agit là de guerre et non de répression.

Au moyen âge, l'atrocité des peines eût rendu incompréhensible, dans nombre de cas, toute idée d'aggrava-

(1) Fustel de Coulanges : la *Cité antique,* 13ᵉ édition, p. 234.
(2) Sophocle, *Œdipe-roi*, vers 229-250.
(3) Platon, *Les Lois* (livre XII). « Ce n'est point à la grandeur du vol que la loi veut qu'on ait égard en punissant un délinquant plus que l'autre ; mais à ce que l'un est peut-être susceptible de guérison, tandis qu'il faut désespérer de l'autre (traduction Saisset, tome 9, p. 294).
(4) Ce qui le prouve, c'est que la disposition que nous venons de citer est mêlée à beaucoup d'autres prononçant la peine de mort contre les impies, contre les avocats de mauvaise foi, contre les citoyens qui s'adonnent au négoce : dans toutes ces hypothèses la peine de mort intervient après une deuxième récidive.

tion pour cause d'incorrigibilité ou même pour cause de simple récidive. Les grands ennemis de la Société, c'étaient alors ces bandes qui, après les expéditions, restaient inoccupées et se livraient fatalement à l'incendie et au pillage. Ainsi s'expliquent en grande partie, ces nombreuses ordonnances royales, intervenant après de grandes crises, qui édictent des peines terribles contre les vagabonds (1), *gens oiseux, truands, joueurs de dés,* etc., et qui constituent des mesures de circonstance, plutôt qu'un système régulier de répression. En France ce sont les édits de Jean le Bon, de Charles VII et de Louis XI après la guerre de Cent ans, de Henri II, de Henri IV et de Louis XIII, après les grandes secousses du XVIe siècle. En Angleterre, c'est la sanglante répression qui suivit la guerre des Deux Roses et qui a rendu tristement célèbre le règne de Henri VIII (2).

Cependant, l'élimination, considérée comme une véritable peine, basée sur la criminalité professionnelle, fit dès les débuts du moyen âge sa première apparition, particulièrement en matière de vol. Dans les anciennes coutumes du Hainaut, de la Hollande, de l'Allemagne, le vol était puni pour la première fois, du fouet, pour une première récidive, de la mutilation des membres, et, pour la « tierce fois », de la pendaison. Cette gradation rapide se retrouve dans la Caroline (chapitre CLXII)

---

(1) Prison, pilori, marque au front, mutilation des oreilles, bannissement (ordonnance de 1350), maison de travail pour les mendiants valides (ordonnance de 1612).

(2) 72.000 « vagabonds » furent pendus sous le règne de Henri VIII. Les maîtres de l'école italienne ne sont pas éloignés d'attribuer en partie à cette sélection impitoyable la criminalité inférieure de l'Angleterre contemporaine (V. Garofalo, *Criminologie*, p. 285 et suivantes).

et dans plusieurs coutumes françaises, notamment dans
la coutume du Nivernais (1). Les anciens auteurs la
justifiaient déjà par l'incorrigibilité présumée du délinquant d'habitude et l'impuissance intimidante de la
peine. « Ces malfaiteurs, dit Damhouder (2), tournent en
dérision les peines ordinaires, incapables de les
émouvoir : seule la peine de mort peut en délivrer la
société ».

Ne croirait-on pas lire un passage de Lombroso ? Il
n'y avait pas là, on le conçoit, un système bien rationnel,
fondé sur des idées précises. C'était une répression
empirique, abandonnée à tous les caprices (On pourrait
citer une curieuse ordonnance de Henri IV, du 12 janvier 1599, qui interdisait la chasse dans les forêts
royales, sous peine de mort en cas de troisième récidive). Néanmoins, c'était bien l'incorrigibilité présumée
du coupable, qui semblait justifier, aux yeux des con-
temporains, l'aggravation rapide de la pénalité. Il y avait
là une notion encore vague, que plus tard la Révolution
devait systématiser mais qui s'infiltrait insensiblement
dans la loi pénale, et qui avait quelquefois pour résultat
des mesures que ne désavouerait pas la science contemporaine. N'y a-t-il pas comme une divination des
problèmes actuels, dans cette ordonnance de mars 1680,
qui ordonne de détenir à vie, en cas de quatrième récidive, les vagabonds professionnels, et de les employer
aux travaux les plus rudes que leurs forces pourraient
supporter ?

C'est au XVI° siècle que prend naissance l'idée de
transporter au-delà des mers, pour peupler les terres

(1) *Coutume du Nivernais*, chapitre VIII, art. 18.
(2) *Damhouder*, chapitre XII.

nouvellement découvertes, les individus inadaptables à
la vie sociale dans la métropole (1). Mais la transportation
n'a jamais été, sous l'ancien régime, autre chose qu'un
système informe de débarras, appliqué à des hérétiques,
à des soldats licenciés, à des vagabonds, à des filles
perdues, à des fils de famille déclassés. Elle n'était pas
une pénalité régulière. Employée par Élisabeth (2) sous
le nom de bannissement, contre les vagabonds incorrigibles qui, malgré les hécatombes d'Henri VIII, infes-
taient encore l'Angleterre, elle joua, comme on sait, un
grand rôle dans l'histoire politique et religieuse de ce
pays au XVIIᵉ siècle; mais ce n'est guère qu'au commencement du XVIIIᵉ siècle qu'elle apparaît avec un caractère
assez précis de mesure d'élimination contre des insociables. La misère régnante à la suite des grandes
guerres de Louis XIV avait produit une recrudescence
du vagabondage et de la mendicité. Aussi l'idée d'utiliser, dans les vastes territoires nouvellement explorés
de l'Amérique, ces éléments perdus pour la métropole,
devint la grande pensée du règne de Louis XV.
Cependant, c'était plutôt une idée de colonisation que
l'on avait en vue, et c'est ce qui explique ce mélange

---

(1) Ne faudrait-il pas voir l'origine de cette idée dans le système
d'embauchage pratiqué par les premiers explorateurs? Une grande
partie des équipages de Christophe Colomb, de Vasco de Gama, etc.,
se composait de repris de justice. En France, l'édit de 1540 autorise
le sieur de Roberval à choisir dans les prisons des criminels pour les
établir au Canada. Cette tentative, et d'autres analogues, faites en
1542 et en 1578, échouèrent d'ailleurs misérablement.

(2) Statuts de 1597. Cpr. Foinitsky. *La Transportation russe et
anglaise,* p. 30. Nous ne pouvons pas faire ici l'histoire de la transportation : nous donnons seulement les faits les plus saillants; la transportation de l'ancien régime a peu de rapports avec la question des
incorrigibles.

bizarre de voleurs, de filles perdues, de déclassés de toute sorte, qui composaient les premiers convois, et qui étaient recrutés par la « 'presse » dans les rues de Paris (1). A aucun moment de l'ancien régime, la transportation n'a été du moins en France, une *peine,* ayant sa fonction propre. C'était un moyen de peupler les colonies, tout en se débarrassant d'une tourbe gênante, et c'est à ce titre qu'elle fut pratiquée jusqu'au milieu du xviiie siècle. Mais peu à peu l'idée se formait et se précisait. La transportation apparaissait comme une arme efficace contre les insociables et après l'avoir appliquée aux vagabonds et aux filles perdues, on devait être amené logiquement à la croire indispensable contre les grands récidivistes. Dès lors elle cessait d'être un moyen empirique et bizarre de colonisation, une protestation contre le bon sens. Elle devenait une pénalité contre une catégorie spéciale de délinquants : elle entrait dans la science, nous la retrouverons.

C'est après cette évolution progressive, c'est avec ces caractères, que la transportation fut édictée par le Code pénal de 1791 et par le décret du 24 vendémiaire an II. D'après le Code de 1791, les criminels coupables d'un second crime devaient être déportés à l'expiration de leur peine (2). Quant au décret du 24 vendémiaire an II,

(1) V. la *Déclaration royale* du 8 janvier 1719. Ces essais de colonisation étaient destinés à un échec lamentable : les colons emportaient avec eux leur fainéantise et leurs mauvaises mœurs. Il y a lieu de s'étonner que le sophisme de la « colonisation par les criminels » ait si longtemps survécu à ces tentatives infructueuses.

(2) Code pénal de 1791, 1re partie, titre II, art. 1er : « Quiconque aura été repris de justice pour crime, s'il est convaincu d'avoir, postérieurement à la première condamnation, commis un second crime emportant l'une des peines des fers, de la réclusion dans la maison de force, de la gêne, de la détention, de la dégradation civique et du

il organisait la transportation des mendiants et des vagabonds (1). C'était bien l'établissement, à titre normal et régulier, d'une peine d'élimination contre des délinquants présumés incorrigibles (2).

§ 2. — Le Principe de l'Élimination

I

Cependant, avec Beccaria et la nouvelle école pénitentiaire, la rigueur excessive de la pénalité apparaissait de plus en plus comme le grand vice de l'ancien droit pénal. Le Code de 1810, œuvre de réaction souvent aveugle, confondait encore dans une impartiale sévérité le faible et le révolté, le délinquant d'occasion et le délinquant d'habitude. Mais dès le moment où les idées d'indulgence

carcan, sera condamné à la peine prononcée par la loi contre le dit crime ; et après l'avoir subie, il sera transféré, *pour le reste de sa vie*, au lieu fixé pour la déportation des malfaiteurs.

(1) Aux termes de ce décret, devaient être transportés : 1° Les mendiants, arrêtés comme tels qui ne pouvaient justifier d'un domicile, après un an de détention ; 2° les mendiants ou vagabonds qui ayant été arrêtés une première fois pour causes aggravantes, étaient de nouveau arrêtés ; 3° les mendiants arrêtés repris en troisième récidive. La durée de cette transportation était de *huit années* au moins. Nous n'avons pas besoin d'ajouter que ces dispositions ne furent jamais mises en pratique.

(2) Les guerres et les troubles politiques empêchèrent, on le sait, les divers gouvernements révolutionnaires de pratiquer la déportation ou transportation des délinquants de droit commun ; les textes que nous venons d'analyser ne reçurent donc aucune application. Mais la déportation fut employée comme mesure politique par le Directoire et le Consulat, comme elle l'avait été par l'Angleterre au xvi° et au xvii° siècle.

commencèrent à se traduire en projets de réforme, la
science pénale devait logiquement se séparer en deux
chapitres ; puisque maintenant on analysait les consciences et puisqu'on cherchait les mobiles, on était amené
à reporter sur le malfaiteur perverti tout l'effort de la
répression pour l'intimider et pour protéger la société en
même temps qu'on abandonnait de plus en plus, pour
les autres, la sévérité impitoyable.

Ainsi, le grand mouvement scientifique du commencement de ce siècle avait en quelque sorte un double
aspect que l'on n'a pas toujours suffisamment mis en
lumière ; il se manifestait par deux grandes tendances
parallèles, conséquences également nécessaires d'une
même idée fondamentale. L'indulgence croissante
appelait et justifiait la sévérité plus grande.

C'est l'indulgence que l'on a réalisée tout d'abord, en
France, par la loi du 28 avril 1832, qui instituait le
système des circonstances atténuantes ; mais plus les
études sur les prisonniers, dont nous parlions au chapitre précédent, se multipliaient, dénonçant l'actualité
du problème, plus s'accentuait le mouvement d'opinion
vers l'établissement d'une pénalité spéciale contre les
récidivistes professionnels. On comprenait qu'il fallait
changer de route, et la parole éloquente de Lamartine (1)
ne fait que traduire le résultat de cette évolution. Deux
grandes idées, en quelque sorte parallèles, doivent,
disait-on, dominer toute théorie des lois pénales ; « l'indulgence pour l'égarement et le repentir, la rigueur
pour la malice et l'endurcissement (2).

____

(1) « Sans la transportation des récidivistes, la loi pénale est une
impasse ».
(2) A. Bonneville, *De la Récidive*. Paris, 1854, p. 11.

Contre ces habitués des prisons, que nous décrivions
naguère, il n'y a pour les savants de cette époque qu'un
système rationnel, celui du *débarras*; il délivre la
société de ses ennemis les plus dangereux, et s'il permet
encore à ces malfaiteurs le reclassement dans une
société nouvelle, loin des entraînements du passé, il ne
porte pas non plus atteinte à la justice et à l'humanité.
L'élimination du délinquant incorrigible n'est donc pas
une théorie nouvelle et révolutionnaire. Elle est, dans la
science française, une théorie traditionnelle, de formation déjà bien ancienne, adaptée à la doctrine utilitaire
classique (1).

Il est alors permis de s'étonner de l'opposition formi-
dable que cette idée a soulevée, au Congrès de Saint-
Pétersbourg, dès qu'on a voulu employer, pour la
définir, les termes d'« *incorrigibles* » et d'« *élimination* ».
On avait toujours devant les yeux cette conception
fausse, que nous avons autrefois analysée, et qui considère les incorrigibles comme des victimes du régime
pénitentiaire ou plus généralement du système répressif.
L'idée de justice, a-t-on dit, proteste contre cette peine
terrible que l'on veut infliger à des malheureux, après
les avoir laissé tomber, après les avoir poussés au
crime et à la récidive. L'idée de justice exige que le
coupable soit puni en raison de sa responsabilité morale.
Quant à son incorrigibilité prétendue, c'est la société
qui en est « *complice* » (2) par le vice de ses institutions:

---

(1) V. notamment. Appert: *Bagnes, prisons et criminels.*
Paris, 1836.

Ferrus, op. cit. — Barbaroux, *De la transportation*, Paris, 1851.

(2) Mme Concepcion Arenal, *Rapport au Congrès pénitentiaire
international de Saint-Pétersbourg.*

elle seule en est donc responsable ; faire retomber cette responsabilité sur la victime, est-ce de la justice, est-ce de l'humanité ? Une armée ne massacre pas les blessés, même s'ils sont mortellement atteints.

Il serait bien étonnant qu'une peine aussi contraire à toute équité, à toute moralité, fut imposée par les nécessités de la défense sociale. Et en effet les adversaires de l'élimination rejettent sans hésitation l'argument utilitaire que l'on a invoqué contre les incorrigibles. C'est à la cause du mal qu'il faut s'attaquer, disent-ils, si l'on veut obtenir une amélioration sensible. A quoi bon condamner à la détention perpétuelle ou indéfinie un nombre considérabe de délinquants, souvent presque inoffensifs, si les « fabriques de récidivistes » continuent leur œuvre néfaste. Le véritable problème, c'est la préparation d'un avenir meilleur, c'est l'essai du reclassement et de l'amendement des condamnés : c'est ainsi, par de profondes réformes pénitentiaires, que l'on pourra diminuer le nombre des récidivistes et des incorrigibles (1). Mais l'élimination laisse l'avenir aussi sombre : elle ne prévoit rien, elle n'empêche rien. C'est une vengeance mesquine — et injuste — dirigée contre le passé, intervenant le plus souvent à la fin d'une carrière criminelle, au moment où la nocuité du délinquant s'est affaiblie ou même a disparu. La société le frappe à ce moment, mais contre les futurs incorrigibles, contre les malfaiteurs qui font leur apprentissage, on ne tente rien : et l'attention publique est détournée ; on croit la société protégée pour l'avenir parce qu'on la

(1) « La Récidive est surtout un problème pénitentiaire » (Gabriel de Montvalon, *La Récidive*, Paris, 1897).

purge des professionnels. « Est-ce que vous n'apercevez pas, s'écriait M. Clémenceau à la Chambre des Députés, que ces hommes, quand ils s'embarqueront, emporteront avec eux le problème pénitentiaire ? ». Et, au Congrès de Saint-Pétersbourg, de même que l'on repoussait l'idée de l'incorrigibilité, on refusait d'admettre dans la science une peine établie uniquement dans un but d'élimination. Sans doute la nécessité d'une sévérité plus grande contre les délinquants professionnels, apparaissait à tous les yeux : cela n'implique pas, disait M. Skousès, qu'on « les croie incorrigibles, » mais seulement qu'on « a besoin d'employer des moyens spéciaux pour les corriger ». C'était jouer sur les mots, et ramener encore une fois la discussion sur cette distinction de l'incorrigibilité métaphysique et de l'incorrigibilité pratique, contraire à la vraie méthode scientifique qui s'occupe exclusivement de phénomènes sociaux. C'est parce que le délinquant est présumé « réfractaire à la réaction de la peine » qu'il y a lieu d'édicter contre lui une peine de très longue durée, destinée à protéger la société contre des récidives certaines. L'équivoque n'a du reste pas survécu au Congrès de Saint-Pétersbourg. A Bruxelles, en 1893, au Congrès anthropologique, la questions est posée très nettement entre les partisans et les adversaires de l'élimination : « Admettre contre les incorrigibles *un système de peines particulier*, s'est écrié M. Maus, ce serait le suicide de la science pénitentiaire : l'élimination supprime le problème et ne le résoud pas » (1).

____

(1) *Actes du Congrès d'anthr. crim. de Bruxelles*, p. 192 (Rapport Maus sur la question des incorrigibles).

Assurément, cette argumentation serait irréfutable si les partisans de l'élimination niaient la nécessité des réformes pénitentiaires. Mais personne ne soutient que le système pénal actuel est parfait. Tout le monde désire le perfectionnement du régime de nos prisons, et combien d'autres réformes encore! Seulement le problème pénal est beaucoup plus complexe qu'on ne paraît le supposer. S'il faut attendre, avant de prendre des mesures de défense contre les incorrigibles, que le système pénitentiaire soit parfait, la société ne va-t-elle pas rester désarmée contre un mal toujours croissant? Il faut attaquer le mal et dans sa cause et dans ses effets. Dans sa cause, en tentant le relèvement du jeune délinquant ou du délinquant primaire; dans ses effets en intimidant les récidivistes et en arrachant de la société les insociables dangereux. Mais n'est-il pas étrange, alors que la peine reste impuissante contre certaines natures vicieuses, de recommencer sans relâche une expérience paradoxale, vouée à un échec certain? On veut le patronage et le reclassement, pour des révoltés incorrigibles! On rejette dans la société, sans ce soucier de l'avenir, des délinquants fatalement destinés à la récidive!

Si la société est complice, et par suite responsable, de l'habitude criminelle, ce n'est pas seulement la légitimité de l'élimination qu'il faut nier, c'est aussi la légitimité de toute aggravation de peine en cas de récidive, et la légitimité de la peine elle-même.

Infliger à un coupable poursuivi pour un premier délit, une peine impuissante à l'intimider et à le corriger, le soumettre au contraire à un régime qui va le corrompre, n'est-ce pas plus injuste, plus immoral que le fait de punir une perversité incurable, dangereuse pour l'ordre social? Voilà donc où aboutissent ces déclamations brillantes mais paradoxales: pas d'emprisonnement, tant que la prison sera corruptrice, pas de droit pénal tant que la peine sera inefficace. Pourquoi ne pas dire aussi: pas d'autorité sociale, tant qu'un nouveau Platon n'aura pas découvert et mis en pratique la constitution idéale et parfaite?

De tout son poids, l'influence du milieu social pèse sur les bons comme sur les méchants, l'hérédité étreint les bons et les méchants. Dans cette lutte perpétuelle de mobiles et d'influences, où trouver le fondement d'une complicité et d'une responsabilité de la société? Si les idées de mérite et de démérite doivent disparaître, comment peut-on invoquer la justice pour interdire à la société d'abattre ses ennemis? Il n'y a plus qu'un organisme qui se défend. Et si, malgré les influences naturelles ou sociales, la responsabilité morale reste debout, l'élimination n'en est pas moins juste et nécessaire. Pourquoi parler toujours des devoirs de la société envers les coupables? « N'a-t-elle pas aussi des devoirs envers les honnêtes gens? » L'élimination est nécessaire si l'on veut défendre efficacement la société ; elle est juste si elle ne confond pas, dans une égale sévérité, le criminel dangereux et le délinquant inoffensif.

Nous pourrions nous arrêter ici, puisque les raisonnements des adversaires de l'élimination manquent de force et même d'exactitude ; mais, nous le savons déjà le point de départ de ces raisonnements est lui-même radicalement faux. Combien surannée est cette conception purement pénitentiaire de l'incorrigible, qui oublie les facteurs sociaux et physiques de la criminalité! Si l'on commet un sophisme, en négligeant le péril présent pour se renfermer dans de chimériques espérances, n'est-il pas bien naïf de croire que des réformes pénitentiaires, ou même que des réformes sociales, pourront supprimer entièrement la criminalité professionnelle? La source du mal n'est pas uniquement dans l'imperfection de nos institutions sociales: elle est le plus souvent dans l'individu lui-même. Dès lors l'argument fondamental de nos adversaires s'évanouit. L'impuissance absolue du système répressif à l'égard de certains délinquants, conduit nécessairement à la création d'une mesure de défense sociale, destinée à les rendre inoffensifs, et qui n'est pas une peine dans le sens classique.

Au reste, ce mot d'élimination n'implique pas mesure définitive ou perpétuelle. Comme l'a fait remarquer M. Van Hamel, la définition porte non sur la durée de la peine mais sur les caractères nouveaux qu'elle prend : la correction et l'amendement ne sont plus la raison d'être de l'œuvre pénitentiaire; mais l'idée qui s'effondre surtout, c'est l'idée de sanction ou d'expiation. Il y a ici une peine qui n'est plus soutenue par un fait matériel et c'est là sans doute la cause principale de l'opposition soulevée par la théorie nouvelle chez certains savants de l'école classique. Si la justice pénale a pour seul objet la « réparation d'une injure » (Maus) une distribution automatique ou dosée du mal pour le mal, ou, comme disent les Allemands, une « réaffirmation » du droit, comment ne pas considérer comme un affront suprême à la justice, une arithmétique qui pour un même délit infligera quelques mois de prison à un délinquant, à un autre une peine peut-être perpétuelle? La justice par essence n'est-elle pas faite pour les méchants comme pour les

bons? Le coupable a déjà expié ses fautes antérieures :
on n'a pas le droit de revenir sur le passé.

Ces idées ne sont pas nouvelles; on les discutait déjà
au commencement du siècle, alors qu'un petit clan de
pénalistes prétendait démontrer l'illégitimité de toute
aggravation de la peine pour cause de récidive (1).
Reproduire ces idées, n'est-ce pas protester contre tous
les progrès de la science criminelle depuis un siècle ? La
loi pénale doit-elle donc s'attacher uniquement à un acte
matériel, en faisant abstraction de toutes les circonstances relatives au délinquant? Il faudrait alors supprimer les circonstances atténuantes qui, nous l'avons
vu, dérivent du même principe que les circonstances
aggravantes.

Et, du reste, cette suprême objection n'a plus de sens
si l'on songe au rôle que nous avons assigné à la peine.
La justice pénale envisage l'avenir beaucoup plus que le
passé; et c'est par là quelle devient de plus en plus une
véritable justice sociale et humanitaire; car ce sont des
hommes et des consciences que l'on met dans la balance;
c'est eux qu'il faut corriger, c'est contre eux qu'il faut
se défendre.

(1) V. Carnot. *Commentaire du Code pénal*, t. Ier, p. 162 et suiv.
D'après une opinion intermédiaire (Haus), le législateur aurait bien
le droit d'élever le taux de la peine contre les récidivistes, mais non
le droit de changer le *genre* de la peine normale, parce que dit-on
« la récidive ne change point les éléments constitutifs du délit; elle
n'est qu'une aggravation de la culpabilité ». (Haus. *Principes généraux du droit pénal belge,* p. 517.) Nous citons cette théorie à titre
de curiosité.

II

Cependant, d'autres objections, d'ordre plus pratique, nous attendent.

Est-il vrai de prétendre que le système de l'aggravation sera toujours inefficace contre la récidive professionnelle? L'Angleterre pratique depuis vingt-cinq ans un système d'aggravation progressive qui semble donner satisfaction aux exigences les plus rigoureuses. Après un troisième délit, dans certains cas, une peine d'une très longue durée peut être prononcée (1). Ne pourrait-on pas généraliser un pareil système? Un pénaliste a proposé d'appliquer le principe suivant : Pour la récidive générale, la peine serait aggravée en proportion arithmétique. Pour la récidive spéciale, elle serait aggravée en proportion géométrique. En prenant pour exemple le vol simple, on obtiendrait en France le résultat suivant :

1er délit : 1 an à 5 ans.

1re récidive : 5 ans à 10 ans (récidive spéciale), 5 ans à 10 ans (récidive générale).

(1) V. sur ce système *Rev. pén.*, 1878, pp. 360 et 720; 1882, pp. 425 et 546. — Inauguré en 1871, dans le comté de Glocester, par sir Berwick Baker, ce système est peu à peu entré dans la jurisprudence anglaise, mais pour certains délits seulement. Les vols ordinaires sont punis pour la première fois de 10 jours à 1 mois; pour la seconde fois, de 6 mois à 2 ans de prison; pour la troisième fois, de 7 ans de servitude pénale et de plusieurs années de surveillance. V. aussi *Rev. pén.*, juin 1897, p. 965. — En France on trouve aussi deux exemples, sans importance d'ailleurs, d'aggravation progressive. V. *la loi du 23 janvier 1873 sur l'ivresse publique, art. 199 et 200 du C. pénal.*

2ᵉ récidive : 10 ans à 20 ans (récidive spéciale), 10 ans à 15 ans (récidive générale).

3ᵉ récidive : 20 ans à 40 ans (récidive spéciale), 15 ans à 20 ans (récidive générale).

Il est bien évident qu'après trois ou quatre délits au plus, on arrive avec ce système à une véritable élimi- nation; aussi y a-t-il quelque chose de puéril dans ce respect apparent des vieilles formes juridiques, car c'est le mot qu'on repousse dans ce système et non la chose elle-même. Au reste, ce système nous paraît détestable. Nous verrons ce qu'il faut penser de l'emprisonnement quand nous étudierons le régime de l'élimination. Mais comment peut-on croire qu'en France par exemple, où les tribunaux appliquent déjà si mollement les lois contre la récidive, ils modifieront leur manière de juger le jour où l'on aura aggravé encore la sévérité de ces lois? Rendra-t-on cette aggravation obligatoire? Nous protesterions au nom de la justice la plus élémentaire (voir plus loin). Ainsi le système de l'aggravation pro- gressive, excellent peut-être tant qu'il s'agit de récidive simple, est inapplicable à la récidive professionnelle : impuissance ou injustice, voilà ce que donne le système pénal classique, quand il s'agit d'incorrigibles. Et de nouveau s'impose la nécessité d'adopter pour la peine un autre principe; mais ici une dernière bataille nous attend.

Nous savons déjà que pour beaucoup de criminalistes, des réformes pénitentiaires seraient suffisantes pour repousser la criminalité professionnelle: ils ont en vue le régime cellulaire. C'est la vertu de la cellule qui va relever les prétendus incorrigibles. Dans ces consciences laissées seules en face d'elles-mêmes, un mystérieux travail va se produire. L'isolement va « donner un libre cours aux regrets et au repentir, provoquer les fermes et généreuses résolutions qui assurent le relèvement définitif » (1). La cellule donnera au détenu des habitudes laborieuses et régulières. Pour ne pas rester livré à la solitude, le prisonnier demandera lui-même du travail (2). Ne se sentant plus encouragé au vice par le milieu de la prison commune, le plus perverti deviendra peut-être accessible aux bonnes influences. Pourquoi ne pas tenter l'expérience au lieu de le rejeter de la société comme une bête malfaisante ?

Faire intervenir à propos des malfaiteurs professionnels le pouvoir moralisateur de la cellule, c'est vraiment confondre toutes les idées. C'est créer de toutes pièces un « être imaginaire » (Prins) détaché de son organisation physique et mentale ; est-il possible de croire que ces êtres dégradés, à la volonté et à l'intelligence atrophiées, vont dans la solitude de la cellule cultiver leur intelligence par la contemplation des vérités morales, fortifier leur volonté par d'énergiques résolutions ? Qu'on ne le croie pas un seul instant.

Combien instructive à ce sujet est la lecture des inscriptions recueillies par M. Lombroso dans deux maisons cellulaires de l'Italie ! Tous les vices, que l'on attribuait autrefois à l'influence délétère de la prison

---

(1) *Rev. pén.* 1894, p. 605 (M. Petit). Il est bien entendu que dans la pensée même de leurs auteurs, cette citation et celles qui suivront se réfèrent uniquement à des délinquants d'habitude. Sans cela elles n'auraient ici aucune portée.

(2) Il y a là un fait d'expérience constaté par tous les directeurs de prison. Mais la demande de travail n'est qu'un moyen de combattre l'ennui ou de se procurer de bonnes notes en même temps qu'un salaire ; il serait puéril d'y voir une preuve d'amendement.

commune, s'y retrouvent : la pensée morale reste
absente. Ironie singulière, c'est dans cette chapelle
cellulaire, le triomphe de l'architecture pénitentiaire, où
les détenus restent isolés, livrés à leur conscience et
aux enseignements du prêtre, qu'ils nous livrent leur
belle âme : la muette ne parle pas. Sur 31 inscriptions
gravées par les détenus dans les loges de la chapelle,
nous avons trouvé 23 inscriptions contenant des insultes
ou des pensées obscènes, 3 fois une pensée d'ennui,
4 fois seulement, une pensée témoignant d'une certaine
religiosité ; et encore la forme de ces dernières laisse-
t-elle à M. Lombroso des doutes sur leur sincérité. Au
total sur plus de 2.000 inscriptions reproduites par le
maître italien, il y a seulement 34 inscriptions dénotant
du repentir et 15 de la résignation. Les obscénités, la
vengeance, la vanité du délit, les insultes aux diverses
autorités, voilà ce qui préoccupe ces consciences. N'est-
il pas permis de conclure avec M. Lombroso que « les
buts les plus poursuivis par l'emprisonnement cellulaire
sont précisément ceux qui sont le moins obtenus ? » (1).

Mais la cellule va peut-être donner au détenu l'habitude du travail, et le rendre apte à la lutte pour la vie
honnête ? Nous aurions voulu conserver cette dernière
illusion. Quel est le travail qui va supprimer toutes ces
misères physiologiques ? A Vyborg, dit un congres-
siste de Saint-Pétersbourg, l'organisation du travail
est « remarquable ». Et parmi les principaux métiers
exercés, il cite ceux de vanniers, d'éplucheurs d'étoupes,
de fabricants de nattes. Une pénétrante tristesse se
dégage des renseignements que publie de temps à

_(1) C. Lombroso et Laurent. *Les Palimpsestes des prisons* (Paris
et Lyon, 1893).

autre le ministère de l'intérieur sur le travail dans nos prisons cellulaires. On y voit exercés les professions les plus fantastiques. A Mazas, c'était la fabrication des sacs en papier, l'enfilage des perles, le découpage des palmes, du papier dentelle, et le directeur se plaignait que « le régime cellulaire limite l'emploi des forces du détenu » et qu'il est difficile « de trouver un travail approprié à la cellule » (1). A Tours, les détenus cassent des noix et fabriquent des ustensiles de brosserie. Dans les autres prisons, c'est une énumération d'industries fantaisistes : le triage de la laine, de l'étoupe, du crin, la confection de petits fagots, de chaussons, l'empaillage des chaises, etc. Voilà le travail moralisateur ! Il est vrai qu'en France, le régime cellulaire s'applique à des peines très courtes ; aussi a-t-on dit que des malfaiteurs professionnels, condamnés à de longues peines, auraient le temps d'apprendre un métier sérieux, fatiguant et productif. Mais ce seraient alors des peines éliminatrices, et l'on combat l'élimination ! D'ailleurs, la cellule à longue durée ne se prête pas plus à un travail susceptible d'apprendre au détenu une profession utile et pratique. Ce qui fait ici défaut, c'est le travailleur. Croire que le voleur professionnel, que le paresseux incorrigible va se mettre à l'ouvrage, avec la volonté d'apprendre une profession pour l'exercer après sa libération, c'est encore retomber dans l'utopie. Si des métiers sérieux ne peuvent pas être exercés en cellule, c'est qu'ils demandent un effort d'autant plus énergique que la surveillance est plus difficile, et l'émulation

(1) Ministère de l'intérieur. *Extraits des rapports sur le fonctionnement du régime de l'emprisonnement individuel en 1895,* (Melun, 1897).

absente : le délinquant d'habitude est incapable de cet effort. Tout cela est si vrai, que même dans les prisons communes, où l'organisation du travail est célébrée comme une merveille, à la maison centrale de Melun par exemple, nous retrouvons ces occupations vagues, que la langue officielle appelle pompeusement des métiers : les services intérieurs, la vannerie, etc., y occupent la grande majorité des détenus (1). La situation est encore plus déplorable dans les autres maisons centrales. Plus de 50 0/0 des détenus y sont employés à ces étranges travaux, qui semblent avoir été inventés pour entretenir la paresse invétérée des prisonniers et augmenter encore leur inertie (2).

Tout s'éclaire maintenant. Qu'il soit placé en cellule ou dans la prison commune, l'incorrigible reste l'être désorganisé que nous connaissons. L'application du régime cellulaire aux incorrigibles nous paraît être chose bien jugée.

Aussi avons nous appris avec étonnement que la société générale des prisons venait d'aborder de nouveau le problème (3). C'est contre les vagabonds profession-

(1) *Rec. pén.*, 1891, p. 704. La seule industrie sérieuse exercée à Melun est en somme celle de l'imprimerie qui occupe (31 décembre 1895) 144 détenus sur 492. *V. Statistique pénitentiaire de la France, année 1895* (Melun, 1898).

(2) Sur un total de 7.324 détenus dans nos maisons centrales au 31 décembre 1895, nous en avons trouvé au moins 2.934 employés à des occupations indignes du nom de travail (3.824 avec les services intérieurs). Les industries sérieuses (cordonniers, corsetiers, ébénistes, imprimeurs, tailleurs, tisseurs, forgerons, etc.) occupent environ 2.500 détenus. N'est-il pas permis de croire que ces détenus ignorants de toute profession et incapable d'en apprendre une, sont les mêmes que ces 50 0/0 de délinquants qui d'après les statistiques officielles reviennent devant les tribunaux à la sortie des maisons centrales?

(3) Séance du 15 décembre 1897 (*V. la Rév. pén. de janvier 1898*).

nels que l'on prône surtout la cellule, comme une sorte d'antidote ; on a dit quelquefois — l'argument est bizarre (1) — qu'elle était le remède le plus naturel contre cette manie du déplacement qui est, paraît-il, le signe distinctif du vagabond. Mais des directeurs de prisons, des magistrats sont venus déclarer que seul, le régime cellulaire pouvait effrayer les vagabonds. Et c'est toujours l'idée d'amendement qui comme l'hydre antique, reparaît. On veut livrer le vagabond inerte et inintelligent à ses réflexions (discours de M. Bérenger). Peut-on croire raisonnablement que quelques mois de cellule vont donner à ces dégénérés que nous décrivions naguère, les habitudes de travail, l'énergie nerveuse, le sentiment moral qui leur feront toujours défaut ? Peut-on croire à l'effet préventif de l'emprisonnement cellulaire sur des délinquants absolument inertes, rebelles à toute discipline sociale, capable seulement d'une vie végétative qu'ils trouvent et qu'ils recherchent même souvent dans la prison ? Quelle que soit la sévérité du régime, il restera inefficace contre les vrais insociables : l'élimination est donc nécessaire, même pour les mendiants ou les vagabonds incorrigibles.

Ainsi, au milieu de toutes les grandes causes qui détraquent ces volontés dégénérées, la cellule apparaît impuissante, comme la prison commune elle-même ; pour l'inconscient et l'incurable elle est une torture inutile, ou un non sens.

____

(1) Où est, à ce point de vue, la supériorité de la cellule sur la prison commune ?

III

La nécessité d'une mesure de défense, destinée à rendre inoffensifs pendant le plus longtemps possible, des êtres décidément perdus, reste donc démontrée. A cette mesure, l'école italienne a donné le nom d'élimination, paraissant ainsi inventer la chose en même temps que le mot.

Est-ce là tout le droit et tout le devoir social ? Suffira-t-il d'organiser pour les incorrigibles une détention analogue à celle des aliénés et des fous furieux ? Nous ne le croyons pas. L'élimination ne peut-elle être une conception plus humaine et plus élevée ?

Assurément, personne aujourd'hui ne songe à massacrer en masse les insociables, comme sous Henri VIII. Cependant si la pénalité repose uniquement sur les lois de la sélection et de l'adaptation, si les lois de la biologie peuvent être étendues à la sociologie criminelle, sans qu'aucun autre élément vienne s'y ajouter, une élimination impitoyable s'impose contre ceux qui ne sont pas construits pour vivre et se perpétuer dans la société. L'incorrigible, c'est un « membre pourri » qu'il faut arracher à l'organisme social. On s'explique alors l'apparence un peu sauvage des mesures de répression proposées ici par l'école italienne. Les uns parlent de régime cellulaire à perpétuité. D'autres, et se sont les maîtres, proposent d'abandonner ces criminels dans quelque contrée lointaine et déserte, et là de les laisser à leur guise s'entretuer ou fonder une société nouvelle.

On veut les employer à extirper la *malaria,* à faire des travaux dangereux : pourquoi seraient-ils mieux traités que nos soldats ?

Nous ne pouvons nous associer entièrement à de pareilles propositions. Nous savons déjà que la conception de l'incorrigible présentée par l'école italienne a été démentie par les maîtres eux-mêmes. Mais ce qui est infiniment plus grave dans les théories lombrosiennes, c'est à notre avis la « méconnaissance des caractères spécifiques de la pénalité ».

Si l'on veut établir le droit criminel sur des bases scientifiques, il est interdit de faire en quelque sorte un choix entre les phénomènes sociaux que l'on étudie, et de rejeter comme des catégories historiques les idées de liberté, de sanction morale, de pitié, etc. Quelle que soit la valeur intrinsèque de ces idées, elles existent toujours à titre de phénomènes psychologiques, et, par suite à titre de *forces sociales.* La sociologie ne doit pas plus les négliger, que le chimiste n'oublie l'oxygène ou l'hydrogène lorsqu'il étudie la composition de l'eau. Les données de la conscience morale doivent donc prendre place, dans la sociologie criminelle à côté des phénomènes anthropologiques et autres.

S'il en est ainsi (1), la conception italienne de l'élimination est une erreur radicale. Elle est une conséquence de cette théorie scientifique, trop répandue, qui sous prétexte que la société est un organisme (ce qui

____

(1) Nous effleurons ici la doctrine connue sous le nom de sterza scuola. *V. Alimena, I limiti e i modificatori dell' imputabilità, Torino,* 1894, tome 1ᵉʳ, p. 9 et suiv. V. aussi A. Fouillée. *La liberté morale et le déterminisme,* et du même auteur les deux beaux livres *L'idée moderne du droit, la Science sociale contemporaine.*

est vrai) prétend assimiler l'évolution sociologique à l'évolution biologique, ce qui revient à dire que l'homme a des plumes et des ailes, parce que, comme l'oiseau, il est un animal. La société est un organisme qui a ses lois propres ; et même sous certains rapports l'évolution sociologique *est exactement l'inverse de l'évolution biologique*. L'histoire toute entière de l'humanité est une longue lutte de la bonté et de la solidarité croissantes contre l'égoïsme et la brutalité des lois naturelles. L'homme s'est élevé par la pitié. Pourquoi la société, après un progrès moral si pénible, pousserait-elle le cri de mort et de haine ? Seule, l'humanité primitive se défend par la destruction, en obéissant inconsciemment aux lois mécaniques. Dans la sociologie le fort attire et aime le faible ; dans la biologie, il le tue. La sociologie criminelle, comme la science sociale dont elle est une branche, doit donc rester indépendante de la biologie, et c'est l'évolution sociologique qu'il faut considérer lorsqu'on veut définir l'élimination. Dès lors l'humanité conserve des devoirs, même envers les incorrigibles, Certes, il y a lieu avant tout d'assurer la défense sociale, mais quel est au juste le droit de la société sur ces individus ? Ils veulent vivre en parasites : la société doit les soumettre à la loi du travail, et, de gré ou de force, les rendre utiles aux autres hommes. L'élimination ne doit pas être en quelque sorte une déchirure de la solidarité sociale, mais on contraire l'obligation de se conformer à cette solidarité qui de plus en plus est la loi de l'humanité.

L'élimination, ce sera donc avant tout le travail imposé en même temps qu'une détention préventive plus ou moins longue, peut-être perpétuelle. Utiliser l'incorrigible au profit de la société contre laquelle il est entré en révolte, telle est pour nous l'idée fondamentale. Si malgré tout, un relèvement relatif peut encore être espéré, c'est par le travail prolongé, sérieux et productif qu'on pourra l'obtenir. Lui seul pourra peut-être modifier la mentalité de l'incorrigible. Mais ce relèvement nous savons combien il est problématique, j'allais dire impossible.

Ainsi, dès maintenant l'élimination nous apparaît comme une notion complexe, aussi complexe que la notion même de l'incorrigible. Si, en principe, le but est toujours le même, peut être les moyens à employer doivent-ils être bien différents. Et si l'incorrigible, comme nous avons essayé de le démontrer, n'est pas un type unique, toujours coulé dans le même moule, l'élimination ne doit pas être une peine uniforme, présentant pour tous quelque vice fondamental : ici, comme partout, il faut une peine établie d'après la nature et les caractères des délinquants (1).

En résumé, l'élimination n'est pas pour nous une expulsion plus ou moins brutale : elle doit s'adapter aux hommes contre lesquels la société la prononce. Elle est donc l'*accomplissement imposé des devoirs de l'individu envers la société* en même temps qu'une *mesure de protection contre des actes nuisibles*. Le terme d'élimination est donc impropre puisqu'il n'exprime que la deuxième partie de cette définition et semble même contredire la première. Il n'y a ici ni une peine proprement dite, ni même exclusivement une mesure de défense sociale,

(1) Sous le bénéfice de cette observation, nous nous conformerons à la terminologie courante, pour plus de brièveté et de clarté.

mais simplement l'application de la vieille devise : Qui
ne travaille pas ne mange pas (1), je dirais plus volontiers : Qui veut manger doit travailler, de gré ou de
force.

§ 3. — L'organisation de la sentence

Nous avons défini l'élimination : il s'agit maintenant
de la faire fonctionner.

I

Lorsqu'un délinquant paraît devant les tribunaux, il
est assez facile, en étudiant sa constitution physique et
mentale, le milieu dans lequel il est appelé à vivre, etc.,
de discerner si l'on est en présence d'un véritable incorrigible. Les juges ne s'y trompent guère, par exemple
lorsqu'il s'agit en France de la relégation; on songerait
plutôt à leur reprocher une trop grande indulgence.

La loi doit-elle donc laisser à la magistrature un pouvoir absolument arbitraire pour prononcer sur la question
d'incorrigibilité ?

Ce serait contredire l'un des plus grands principes du
droit moderne, proclamé par la Révolution française : la
loi pénale prévoit et limite les cas dans lesquels les
peines établies doivent être appliquées. Cet arbitraire
serait incompatible avec la fonction du juge moderne,

(1) Ferri, *op. cit.*, p. 516.

avec les garanties que l'organisation sociale actuelle donne
à la liberté. Il est d'autant plus inadmissible qu'il s'agit
d'une peine terrible, définitive peut-être et le plus souvent
disproportionnée au dernier délit. Puisque la société
est obligée de frapper le coupable avec une si grande
rigueur, n'est-il pas préférable qu'elle le fasse directement? La sentence aura ainsi plus d'autorité. Sous-
traite aux récréminations du condamné, aux polémiques
de l'opinion, elle sera comme une émanation de la conscience sociale ; et les criminels de profession craindront
d'autant plus la peine, qu'ils la verront inévitable, indépendante des jugements humains.

Ces considérations puissantes ont fait naitre un grave
problème, souvent étudié dans ces dernières années (1).
Est-il possible de trouver un « critérium » de l'incorrigibilité, et de le fixer dans la loi pénale?

Cette question, à notre avis, est insoluble.

On a voulu tout d'abord s'appuyer sur la récidive.
Les uns ont prétendu que la période d'incorrigibilité
commence dès la première récidive (2). D'autres veulent
des condamnations beaucoup plus nombreuses, surtout
lorsqu'il s'agit de petits délits. D'autres encore ne com-
prennent pas la notion de l'incorrigibilité en dehors d'une
rechute dans les mêmes délits (3). En général on

----

(1) Ce problème a particulièrement été l'objet des délibérations de
l'Union internationale du droit pénal. V. notamment 1re session,
Bulletin, 1889, p. 92 et suiv. — 2e session, *Bulletin*, 1891, p. 83. —
3e session, *Bulletin*, 1892, p. 306. — 4e session, *Bulletin* 1893,
p. 265 et suiv.

(2) V. *Actes du congrès international d'antropologie criminelle
de Bruxelles,* p. 14 (Rapport de M. Thiry).

(3) Les explications détaillées que nous avons déjà données au
chapitre premier montrent que les incorrigibles sont tantôt des malfaiteurs de profession, pratiquant l'« indifférentisme social », tantôt

approuve le système de la loi française sur la rélégation, qui tient compte de la gravité et de la nature des délits, exigeant des récidives d'autant plus nombreuses, qu'il s'agit d'infractions dénotant une perversité moindre ou présentant un moindre danger social (1). Dans un autre système, adopté pour la commission de révision du code pénal, on tient compte uniquement de la durée et non du nombre des détentions (2). Bien que ce dernier procédé nous paraisse supérieur à tous les autres, puisqu'il recherche, pour savoir si le malade est incurable, la quantité de remède absorbée sans effet, il présente encore un vice ineffaçable. S'il est vrai que les causes véritables de l'incorrigibilité sont dans le milieu social et dans l'organisation physiologique et psychologique des individus, qu'importent des récidives plus ou moins nombreuses, des détentions plus ou moins longues? L'incorrigibilité peut se manifester par la simple réitération d'infractions : le criminel plus habile qui aura pu éviter la répression en est-il moins coupable?

L'incorrigibilité peut même exister dès un premier

des délinquants cantonnés dans une spécialité criminelle. Le système de la récidive spéciale, dont nous ne contestons pas ici la valeur lorsqu'il s'agit de récidivistes simples, ne doit donc pas être appliqué aux délinquants d'habitude incorrigibles. Ce point n'a du reste fait l'objet d'aucune contestation sérieuse parmi les partisans de l'idée d'incorrigibilité, et l'opinion dont nous parlons au texte n'a guère été soutenue que par des adversaires de cette idée.

(1) V. *Bulletin de l'Union internationale du droit pénal*, 1889, p. 92.

(2) Projet de réforme du Code pénal français, art 25 : « La Relégation consiste à être interné dans une colonie ou possession française déterminée par un règlement d'administration publique. Elle est prononcée contre tout individu qui après avoir été condamné à cinq ans d'emprisonnement au moins, résultant d'un ou de plusieurs arrêts ou jugements, sera condamné pour un crime ou un délit à une année au moins d'emprisonnement ».

délit (1). Un système d'élimination basé uniquement sur la récidive, laissera donc échapper une grande partie des coupables qu'il devrait frapper. Ne peut-il pas aussi aboutir à des iniquités monstrueuses ? Quelle distance bien souvent, entre deux délinquants qui auront subi un même nombre de condamnations, une même durée de détention ? Puisque le système pénal et pénitentiaire actuel est si mauvais, n'est-il pas étrange de s'appuyer précisément sur son inefficacité pour proclamer l'incorrigibilité d'un délinquant ? N'est-ce pas revenir par une voie détournée à cette notion fausse de l'incorrigibilité qui tient uniquement compte des influences pénitentiaires ?

Il semble donc impossible, d'établir l'élimination sur des bases rationnelles si l'on refuse de violer ouvertement l'un des principes les plus élémentaires, les plus universellement reconnus de l'ancienne théorie pénale, celui qui protège les libertés individuelles contre l'arbitraire des tribunaux ou des administrations (2).

On l'a bien compris à l'étranger. L'avant-projet du Code pénal fédéral suisse qui organise pour les incorrigibles (art. 44) un système de détention à longue durée,

(1) *V. Revue pénale suisse,* année 1893, pages 292 et suiv.

(2) Le Congrès pénitentiaire de 1895 a voté la résolution suivante : « *La loi doit fixer le nombre des condamnations à partir duquel il appartient aux tribunaux de décider, d'après la nature des condamnations encourues et le degré de perversité de l'agent, si l'inculpé est un malfaiteur de profession.* » D'après quelles bases la loi doit-elle faire cette détermination ? Les observations que nous présentons au texte montrent que tous les systèmes proposés sont plus ou moins défectueux, et la résolution votée par le Congrès, en gardant le silence sur ce point délicat, montre bien la difficulté, ou pour mieux dire l'impossibilité de le résoudre d'une manière satisfaisante.

parle « d'individus qui auront subi de nombreuses condamnations ». Ce critérium vague laisse au juge du fait un pouvoir presque illimité. La loi belge du 27 novembre 1891, dirigée contre les vagabonds professionnels, va encore plus loin (article 13), et n'exige même pas que le prévenu ait déjà subi une condamnation antérieure : le juge devient ici tout puissant pour apprécier l'incorrigibilité.

Un pareil système, nous le disons bien vite, a peu de chances d'être adopté en France. La loi du 27 mai 1885, et le projet de réforme du code pénal fixent tous deux d'une manière précise les conditions de la relégation, et tout projet qui donnerait à ce point de vue un pouvoir discrétionnaire à la magistrature, soulèverait la conscience publique comme une grave atteinte à la liberté individuelle.

Notre théorie entre ici en conflit avec les principes fondamentaux de la société moderne, et nous restons hésitant devant la solution. Scientifiquement, il ne peut y avoir de critère légal de l'incorrigibilité ; il ne peut y avoir de commune mesure entre ces hommes, dont la maladie résulte de causes si diverses.

M. Van Hamel, qui avait d'abord admis le contraire, et qui proposait d'énoncer dans la loi pénale, le minimum de récidives nécessaires, a été obligé d'admettre une exception qui vient détruire la règle ; il demande que l'élimination soit rendue possible « dans les cas où, hors de la récidive légale, un penchant incorrigible se révèlerait » (1). A quoi donc servira dès lors le critérium

____

(1) *V. Bulletin de l'U. i. d. d. p.*, année 1889, p. 98. — *Actes du Congrès d'anthropologie criminelle de Bruxelles,* p. 57.

légal ? Cette contradiction de l'illustre maître hollandais,
montre bien qu'il faut ici, encore une fois, choisir entre
les principes du passé, profondément enracinés dans
la conscience populaire, et les idées scientifiques
nouvelles, encore imprécises et mal connues : tout essa
de transaction aboutit à un non sens.

Nous pouvons être brefs maintenant sur une question
qui a été discutée avec ardeur, à la Chambre des Députés
et au Sénat, lors des travaux préparatoires de la loi
de 1885 (1). Si la loi pénale fixe un critérium de l'incorrigibilité, ce critérium doit-il être obligatoire pour le
juge ? Celui-ci doit-il être obligé de prononcer la peine
d'élimination lorsque les conditions prévues par la loi
se rencontreront chez un délinquant ? (2) Les considérations que nous venons de présenter répondent à ces
questions d'une manière péremptoire. Comment peut-on
avoir l'étrange pensée de prévoir dans un texte de loi
tous les cas individuels qui peuvent se présenter, toutes
les circonstances qui peuvent modifier l'appréciation du
juge ? Ce ne serait pas seulement, comme on l'a dit au
Parlement, une « insulte à la majesté de la justice », ce
serait aussi un véritable déni de justice. Jamais cette

____

(1) Plusieurs amendements furent présentés, soit à la Chambre,
soit au Sénat, pour rendre la relégation facultative pour le juge. Ils
furent repoussés à de faibles majorités. (La discussion portait sur les
termes de l'article 4 : *Seront* relégués les récidivistes, etc.)

(2) Cette question est étroitement liée à une autre beaucoup plus
importante : celle de savoir si la loi pénale doit établir, contre les
incorrigibles, une peine d'élimination unique ou une série de mesures
entre lesquelles le juge aurait le droit de choisir ; il est évident que si
l'on adopte cette dernière opinion, le système de l'élimination obligatoire devient peu praticable. Il y aurait contradiction entre les
pouvoirs que l'on retirerait au juge d'un côté et ceux qu'on lui donnerait de l'autre.

question n'eût été soulevée si le législateur français n'avait inséré dans la loi du 27 mai 1885 la conception d'une relégation obligatoire, indépendante des variations de jurisprudence, et par là même, ne se prêtant pas à des injustices, à des « inégalités choquantes ». Pour la justifier, on disait que les tribunaux correctionnels, si indulgents contre les récidivistes malgré les peines sévères que la loi leur permettait déjà d'infliger, se refuseraient dans beaucoup de cas à prononcer une pénalité beaucoup plus terrible et que dès lors la loi resterait lettre morte. Il y avait donc un intérêt public capital à imposer la relégation (1). Une loi qui établit des conditions déjà bien rigoureuses (2) pour que la relégation soit encourue, répond à toutes les exigences de la justice et ne doit pas être mise en question à chaque instant par les magistrats chargés de l'appliquer.

(1) Ces puissantes considérations, à peu près irréfutables directement, expliquent et même justifient les votes du Parlement français. Le tableau suivant montre d'ailleurs que la situation n'a pas changé depuis 1885.

ANNÉES	1880	1889	1892
Récidivistes pour vol....................	20.146	21.615	23.056
Condamnés d'un an à cinq ans de prison..	2.666	1.737	1.526
— à l'amende seulement	345	589	688

(*Compte de la justice criminelle* pendant l'année 1892, pp. 24 et 25.)

(2) Rendre la relégation obligatoire, c'était se condamner par avance à laisser échapper un grand nombre de professionnels, pour ne pas commettre d'un autre côté de criantes injustices. C'est ce qui est arrivé effectivement : on ne reproche plus à la loi de 1885 de déporter « nos ouvriers pauvres » (Discours de M. Martin-Nadaud à la Chambre des Députés, séance du 21 avril 1883), mais on lui a souvent reproché une indulgence excessive.

Cette transformation du juge en « machine », en
« automate » a pu être une bonne chose pendant quelques
années, alors qu'il s'agissait de faire entrer la loi nouvelle dans les mœurs judiciaires et d'éviter d'iniques
variations de jurisprudence. *Mais il n'y a là qu'une
mesure de circonstance :* ce n'est pas une conception
scientifique. C'est le juge et non la loi qui étudie et qui
connaît l'homme; lui seul peut prononcer la sentence
d'élimination. Admettre le contraire serait d'autant plus
inique qu'il s'agit ici d'appliquer une mesure exorbitante,
impitoyable, contre des malheureux qui après tout sont
souvent des malades et des inconscients. Et c'est à ce
moment que l'on abandonnerait les garanties fondamentales de la défense? Du moment que le délinquant sera
déclaré responsable moralement à raison de son dernier
délit, la loi interdira au juge de peser les circonstances
qui, sans influer sur cette responsabilité, rendent l'élimination injuste ou inutile ! Ce serait là une véritable ban-
queroute de la justice (1).

Cette peine terrible ne paraîtra légitime à l'opinion
publique que si elle est prononcée par un magistrat
éclairé, à la suite d'une longue étude du criminel.

Les textes sont impuissants à saisir des consciences.

(1) Les tribunaux ont du reste un moyen bien simple pour éluder
les dispositions de la loi de 1885. Il leur suffit très souvent pour cela de
prononcer une peine principale inférieure ou égale à trois mois de
prison : la relégation n'est encourue en effet, aux termes de l'article 4,
que lorsque toutes les condamnations requises ou que *lorsque un certain nombre de condamnations* sont supérieures à trois mois d'emprisonnement. Nous avons pu constater personnellement l'emploi
très fréquent de ce moyen, qui sert aujourd'hui aux magistrats pour
appliquer de moins en moins souvent une loi jugée mauvaise.

II

Mais quelle tâche délicate on va dès lors imposer aux magistrats ! Est-il possible que nos tribunaux déjà si surchargés, puissent se livrer à cette étude physiologique et psychologique du délinquant d'habitude? Ont-ils bien sous les yeux tous les éléments d'appréciation nécessaires? N'est-il pas indispensable de faire une étude longue et patiente du délinquant pour acquérir une opinion sérieuse et impartiale? Nos tribunaux ne sont pas organisés pour de pareilles recherches; il est impossible qu'ils statuent en toute connaissance de cause de l'incorrigibilité dans les quelques minutes qu'ils peuvent accorder à chaque inculpé. Ce sont les autorités administratives et pénitentiaires, qui, par leur contact prolongé avec le détenu, peuvent apprécier sa conduite, son ardeur au travail, la probabilité des rechutes. Ce sont elles qui par suite devraient pouvoir prononcer contre les incorrigibles une mesure de sécurité publique, de même qu'elles peuvent abréger, par la libération conditionnelle, la détention des condamnés qui présentent de sérieuses chances de reclassement.

Nous sommes ainsi conduits à établir contre les incorrigibles une procédure compliquée, divisée en deux actes, si j'ose dire.

Mais quels seraient alors les rôles respectifs de l'autorité judiciaire et de l'autorité administrative? Laisser à l'administration, sur tous les détenus, un pouvoir arbitraire, de telle sorte qu'à volonté elle pourrait ou non prononcer l'élimination, c'est impossible dans l'état actuel de nos mœurs surtout si la loi ne fixe pas un minimum de condamnations ou de récidives). Ce serait d'ailleurs le renversement du droit pénal tout entier. A quoi bon prononcer une peine, si un fonctionnaire peut la supprimer suivant sa fantaisie et la remplacer par une détention peut-être perpétuelle?

Aussi tout le monde admet que le tribunal devrait d'abord se prononcer sur la question d'incorrigibilité. Dans le cas où le reclassement d'un inculpé lui paraîtrait improbable, il le mettrait à la disposition de l'autorité pénitentiaire, et celle-ci, après avoir recueilli tous les renseignements utiles pour apprécier la vie entière du condamné après avoir étudié sa conduite en prison, déciderait définitivement sur la question d'élimination. La liberté individuelle paraît bien garantie par cette procédure, et d'autre par la nécessité d'une double sentence donnerait à la peine prononcée un caractère indiscutable de nécessité et de légitimité.

On pourrait trouver l'origine lointaine de ce système dans la loi française elle-même et dans l'établissement de la Commission de classement des récidivistes (1). L'article 2 de la loi du 14 août 1885, qui donne à l'administration le droit de dispenser de la relégation les condamnés dignes de cette faveur, l'article 18 de la loi du 27 mai 1885 qui lui donne le même droit pour les condamnés malades ou impotents, ont créé une sorte de droit de révision dont les Commissions de classement ont assez largement usé, surtout dans les premières

____

(1) Art. 7 du décret du 26 novembre 1885.

années (1). La faculté de désigner les relégables soit pour la Guyane, soit pour la Nouvelle-Calédonie, donne encore à l'administration un pouvoir d'appréciation considérable, l'envoi à la Guyane constituant une sensible aggravation de peine (2).

Mais c'est dans l'avant projet du code pénal fédéral Suisse (art. 44) que se trouve nettement adopté et défini, le système de la double sentence. Après avoir prononcé la peine encourue par le dernier délit, le tribunal s'il se croit en présence d'un incorrigible ordonne le dépôt du condamné entre les mains de l'autorité fédérale. Celle-ci peut alors ou bien prononcer une peine d'élimination (10 à 20 ans de détention dans un pénitencier spécial) ou bien, si l'incorrigibilité ne lui paraît pas démontrée, laisser courir la peine prononcée.

Nous avons peu d'illusions sur la valeur de ce système. Lorsqu'il s'agit d'un récidiviste endurci, nous ne voyons pas en quoi quelques mois de détention supplémentaire sont indispensables pour apprécier son incorrigibilité. D'ailleurs sur quels éléments l'autorité administrative s'appuiera-t-elle pour former son opinion? Sur les rapports des directeurs de prisons qui eux-mêmes n'ayant guère le temps ni les moyens d'étudier

(1) Sur 1332 avis donnés par la commission de classement en 1887, nous trouvons 161 propositions pour la grâce ou la dispense de la relégation. En 1896 sur 686 relégués, examinés par la commission, 43 seulement furent proposés pour la dispense (nous savons déjà que les tribunaux montrent une répugnance de plus en plus grande à prononcer la relégation).

(2) L'administration envoie en Guyane les récidivistes qui ont les antécédents les plus mauvais, ceux qui paraissent devoir être les plus réfractaires à l'œuvre de colonisation et de relèvement V. Jacquin. *Rapport sur l'application de la loi du 27 mai 1885, pendant l'année 1890.*

leurs prisonniers, se contenterons de contresigner l'avis des gardiens. Ne sait-on pas que le criminel endurci est précisément d'une conduite généralement exemplaire dans l'intérieur des prisons? L'application du détenu au travail imposé et tout préparé peut-elle laisser entrevoir quelle sera sa conduite en présence des difficultés et des tentations de la vie libre? Ou bien le tribunal chargé de statuer en premier lieu sur la question d'incorrigibilité examinera cette question à fond: l'intervention après coup d'une autorité quelconque chargée de réviser la première sentence est alors inutile. Ou bien le tribunal se laissera aller à certaines habitudes routinières et sans examiner les inculpés renverra à l'autorité administrative tous ceux qui auront à leur passif un certain nombre de condamnations. Nous retombons alors dans cette conception de la loi de 1885, qui transforme le juge en machine d'enregistrement; mais ici nous n'aurons même plus la garantie d'une loi impartiale: le condamné sera livré à l'arbitraire tout puissant de l'administration (1).

Toutes ces objections ont conduit M. Van Hamel à proposer un autre système, d'une séduisante originalité (2). Ce n'est plus l'autorité administrative, c'est un

---

(1) Nous reviendrons sur les questions que nous venons d'effleurer lorsque nous discuterons l'application aux incorrigibles du système de la sentence indéterminée.

(2) On pourrait trouver l'origine de ce système dans l'amendement suivant, présenté par M. Jullien à la Chambre des Députés, lors de la discussion de la loi de 1885 (séance du 25 juin 1884, *Journal officiel* du 26) : « La Relégation fera l'objet d'une délibération séparée de la cour ou du tribunal qui aura été d'abord saisi et qui sera appelé à statuer sur ce point, au plus tard dans le mois qui précédera l'expiration de la peine principale ». Cet amendement fut rejeté en même temps que celui tendant à rendre la relégation facul-

tribunal judiciaire qui d'après lui doit statuer définitivement sur la question d'élimination. La loi devrait
prévoir les cas dans lesquels la question d'incorrigibilité
pourrait être posée : une première sentence condamnera
le délinquant à un internement de courte durée, pendant
lequel on procédera à son examen biologique et psychologique. Puis le condamné reviendra devant un nouveau
tribunal, spécialement établi et organisé dans ce but,
qui statuera définitivement sur le sort de l'incorrigible (1).

Ce système reste encore bien imparfait. Nous le répé-
tons : pourquoi deux procédures et deux jugements ?
Il est puéril de s'imaginer qu'une nouvelle détention est
indispensable pour connaître un malfaiteur professionnel.
Quels éléments nouveaux d'appréciation possédera-t-on
en ajoutant quelques mois de prison à un casier judiciaire déjà surchargé ?

Les idées de M. Van Hamel ne paraissent pas d'ailleurs
être très nettes sur la nature de cette détention intermédiaire. Tantôt on nous dit que le Tribunal ordonne cette
détention uniquement pour permettre d'étudier le
criminel pendant un certain temps; cette détention
devrait alors avoir en principe la même durée pour tous
les condamnés; ce serait une simple mesure préventive
d'un caractère particulier. Ailleurs M. Van Hamel
déclare que le premier juge doit d'abord prononcer la
peine encourue à raison du dernier délit. C'est seulement
à l'expiration de cette peine qu'il y aurait lieu de revenir

tative pour les tribunaux; l'admission de la relégation obligatoire
rendait en effet inutile une double délibération.

(1) Session de 1889 (Bruxelles) de l'*U. i. d. d. p. Rapport de
M. Van Hamel.*

devant un deuxième tribunal pour trancher la question
d'élimination (1).

Voilà encore une nouvelle tentative de transaction
entre l'ancienne théorie pénale et les idées scientifiques
nouvelles. On veut faire une concession aux doctrines
classiques en maintenant l'idée de sanction et avant de
se prononcer contre le récidiviste une mesure de sureté
publique, on lui fait subir la peine du dernier délit :
l'élimination devient alors une peine accessoire : c'est la
conception du législateur français de 1885 (2).

Il faut, à notre avis, rejeter ce système sans hésitation.
Comment, s'écriait M. Garçon au Congrès de Paris (3),
voilà un médecin qui s'aperçoit qu'il s'est trompé de
remède, et, avant d'en changer, il recommencera la
première expérience que l'on sait parfaitement devoir
être infructueuse? Il ne s'agit plus de sanctionner un
délit : c'est toute une vie criminelle qui va être jugée.
Il faut choisir entre le système de la sanction et celui de
l'élimination. Les adopter tous les deux à la fois, c'est
un moyen par trop simple de résoudre les difficultés et

____

(1) V. Session de 1893 (Paris) de l'*U. i. d. d. p. (Rapport sur la
sentence indéterminée)*. M. Van Hamel a d'ailleurs fait admettre
son système par l'Union internationale, qui à la session de 1892 (Christiania) a voté la résolution suivante « *Pour les délinquants d'habitude incorrigibles, il est absolument nécessaire que le jugement sur
le dernier fait ne statue pas définitivement sur le traitement du
délinquant mais que cette décision soit abandonnée à une instruction postérieure portant sur la personne du délinquant, sur son
passé, sur sa conduite pendant une période d'essai à déterminer* ».
V. aussi le rapport de M. Van Hamel à cette session. *Bulletin de
l'U*, avril 1892, p. 295 et suivantes.

(2) Lorsqu'il s'agit de transportation, le système de l'élimination,
peine accessoire, présente des inconvénients très graves sur lesquels
nous nous expliquerons bientôt.

(3) V. aussi un article de M. Léveillé dans *le Temps* du 28 avril
1886.

d'écarter les objections. La sanction du dernier délit n'est-elle pas comprise dans la peine plus rigoureuse et plus longue qui va être infligée à l'incorrigible? Si la peine d'élimination est bien organisée pourquoi en retarder l'exécution; si elle est mal organisée, pourquoi l'infliger par surcroît à un malheureux qui a déjà payé sa dette? Une seule raison sérieuse peut être invoquée à l'appui de cette opinion : la nécessité de bien connaître l'incorrigible avant de prononcer contre lui une peine aussi terrible, et de savoir si vraiment l'on est en présence d'un insociable. Nous reconnaissons que nos tribunaux correctionnels ou nos Cours d'Assises ne sont pas organisés pour faire ces études délicates. Mais est-il besoin pour répondre à cette objection, d'établir une double procédure, une double sentence judiciaire, et une détention intermédiaire, basée ou non sur l'idée de sanction? Nous ne le croyons pas, et il est peut-être possible de sortir de l'impasse où nous nous trouvons sans proposer une organisation aussi compliquée.

III

Il y a, en effet, au fond des propositions de M. Van Hamel, une idée séduisante qui, à notre avis, pourrait donner la solution du problème.

D'une part, l'intervention des tribunaux ordinaires nous a paru insuffisante pour trancher une question aussi délicate que celle de l'élimination; d'autre part, il est impossible de donner aux autorités administratives un pouvoir aussi exorbitant. L'institution d'un tribunal spécial, chargé uniquement de statuer sur le sort des incorrigibles, paraît répondre à toutes les critiques. Ce tribunal consacrerait tout son temps à l'examen des incorrigibles et s'entourerait des renseignements les plus complets. Ne pourrait-on lui adjoindre, tout au moins à titre consultatif, des médecins, des fonctionnaires de l'administration pénitentiaire, qui constitueraient une sorte de commission de classement. Les délégués des Sociétés de patronage pourraient être appelés à donner leur avis. L'avenir du récidiviste serait réglé d'une manière complète, sous le contrôle d'une magistrature plus éclairée à raison de la spécialité de sa compétence. La sentence de ce tribunal, entourée de tant de garanties, aurait une autorité considérable et l'on pourrait supprimer toute voie de recours (1).

Ce n'est pas encore le moment d'examiner si l'élimination peut être une peine uniforme, toujours semblable à elle-même, comme dans la loi du 27 mai 1895, ou bien si les différences profondes que nous avons signalées entre les diverses catégories d'incorrigibles exigent un traitement dissemblable. Mais il est évident que si l'on adopte cette dernière opinion, c'est un tribunal et non l'administration qui doit statuer sur ce classement des récidivistes, si important au point de vue de la peine. Admettre le contraire, ce serait faire revivre les inconvénients que nous cherchons à éviter. Seule une Cour

____

(1) Sauf bien entendu la cassation ou les recours extraordinaires tels que la grâce. — Ajoutons que devant cette cour le récidiviste devrait être nécessairement assisté d'un défenseur. La loi de 1885 rend déjà l'assistance d'un avocat obligatoire pour tous les prévenus relégables (article 11).

spéciale pourrait prendre à ce point de vue une décision sérieuse.

Pourquoi exiger, préalablement à la procédure que nous venons d'esquisser, une autre sentence prononcée sans grand discernement par le tribunal de droit commun? C'est dans la loi que doivent se trouver les garanties fondamentales de la liberté individuelle; c'est la loi seule qui devrait fixer par conséquent les conditions générales indispensables pour qu'un délinquant puisse être renvoyé devant le tribunal d'élimination. Ces conditions, nous le savons déjà, devraient être uniquement relatives à l'âge, au sexe, à l'état de santé... des délinquants: en théorie pure, la loi ne devrait pas fixer un minimum de récidives : la justice ne serait-elle pas suffisamment garantie par l'organisation de cette « cour » spéciale?

Mais alors une grave question se pose: Quelle sera d'une manière précise la compétence de ce tribunal ou de cette cour? En d'autres termes, comment et par qui sera-t-il saisi? On peut admettre tout d'abord que les tribunaux répressifs ordinaires, se trouvant en présence d'un malfaiteur endurci, devront le renvoyer devant la cour d'élimination. Mais nous retombons ainsi dans le système de la double sentence. Pourquoi ne pas donner aux juges d'instruction ou même aux magistrats du parquet le droit de renvoyer directement les inculpés devant cette cour? Nous ne verrions aucun inconvénient à ce qu'elle pût être saisie aussi par la plainte des simples particuliers. On pourrait même créer pour elle une sorte de droit d'évocation lui permettant de se saisir d'office des affaires pendantes devant les tribunaux de droit commun. Peut-être faudrait-il aller plus loin encore et donner aux administrations pénitentiaires le droit de faire comparaître devant cette cour *un détenu en cours de peine*. Pourquoi une omission ou une indulgence trop grande des premiers juges devrait-elle créer un droit acquis à la récidive, *si l'on est en présence d'un incorrigible avéré?* On va crier peut-être à la monstruosité : n'est-il pas inique de juger une deuxième fois, à raison du même fait, un criminel qui peut se croire libéré de toute dette par la première sentence? L'organisation d'une cour composée de magistrats très élevés dans la hiérarchie judiciaire, la procédure assez compliquée exigée par ces consultations d'hommes de pratique, par la réunion des renseignements relatifs au délinquant, donnerait à celui-ci, croyons-nous, des garanties suffisantes, même dans l'hypothèse particulière d'un détenu (déjà condamné mais présumé incorrigible).

Ce que l'on pourrait reprocher à notre système, ce serait plutôt son indulgence excessive : n'a-t-on pas rendu la relégation obligatoire parce qu'on n'avait pas confiance dans la sévérité des juges? Eh bien, à ces juges, nous donnons ici un pouvoir discrétionnaire, limité uniquement par la nécessité d'appliquer les seules peines prévues par la loi. Peut-on croire qu'ils vont subitement oublier la faiblesse qu'on leur reprochait autrefois, pour devenir sévères jusqu'à l'injustice? Nous n'admettrions pas du reste que le tribunal pût prolonger indéfiniment la période d'observation et d'étude du prévenu : ce serait revenir par une voie détournée à un système que nous avons déjà réfuté : la loi devrait donc fixer pour cette détention préventive particulière un maximum de durée, à l'expiration duquel le tribunal serait obligé de statuer.

7 x

En somme ce que nous proposons ici *n'a que l'appa-rence* de la nouveauté : c'est tout simplement la centrali-sation, entre les mains des magistrats, d'attributions actuellement réparties, pour la relégation française, entre les tribunaux et les commissions de classement existant dans la métropole ou aux colonies ; c'est la cen-tralisation de tous les renseignements qui peuvent faire connaître l'inculpé, de toutes les influences qui peuvent encore l'arracher à la vie criminelle : c'est enfin la sup-pression de l'arbitraire administratif. Rien de moins chimérique ni de plus facilement réalisable. A Paris par exemple, ne suffirait-il pas pour commencer la réforme de renvoyer les malfaiteurs d'habitude, présumés incor-rigibles, devant l'une des quatre Chambres correction-nelles, toujours la même (1) qui, déchargée de toute autre occupation, pourrait se consacrer entièrement à cette tâche ? (2)

----

(1) Il y a déjà du reste, au Tribunal de la Seine, des essais de divi-sion du travail : certaines affaires telles que les vols dans les magasins, les délits des fournisseurs et des commerçants, les affaires de presse, etc., sont généralement renvoyées devant la même Chambre.

(2) Cette organisation d'une cour spéciale pour les incorrigibles est liée à une autre réforme dont on a beaucoup parlé dans ces dernières années : l'institution de magistrats recrutés et organisés pour juger exclusivement les affaires criminelles, et entièrement indépendants des magistrats civils. L'organisation que nous esquissons ci-dessus suppose cette réforme accomplie. Il ne servirait à rien d'instituer une cour spéciale, si les magistrats qui la composent devaient à chaque instant être arrachés à leur tâche délicate par le « roule-ment ». D'autre part, les attributions de cette cour exigeraient des connaissances très étendues en anthropologie et sociologie criminelles, en science pénitentiaire, etc. Les juges civils sont dans l'impossibi-lité d'acquérir toutes ces connaissances. — Ainsi, à ce point de vue encore, la division du travail est indispensable pour obtenir une bonne justice.

Ainsi, la Cour dont M. Van Hamel propose la création, serait à la foi la plus haute expression du droit social, et une garantie d'impartialité et de justice donnée à des malheureux qui ont encore droit à la justice et à l'impartialité. Elle statuerait en toute connaissance de cause et d'une manière définitive, sur le sort du récidiviste.

Si elle ne juge pas à propos de prononcer l'élimination, elle devra, pour éviter une nouvelle procédure, prononcer la peine méritée par le dernier délit; si elle n'a pas sous les yeux des éléments d'appréciation suffisants, la cour aura le droit d'ordonner qu'à l'expiration de sa peine, le criminel comparaîtra pour subir un nouvel examen. La coopération des sociétés de patronage, de l'administration de l'Assistance publique, etc., permettait en tous cas de ne pas abandonner le récidiviste aux tentations de la vie libre. Sauver ce qui peut encore être sauvé, telle serait la première tâche de la cour.

Mais nous sommes en présence d'un insociable : l'élimination s'impose. Et un problème redoutable se pose alors : nous savons que cette peine ne doit pas être, comme son nom le laisse croire, un acte de débarras pur et simple. Nous avons vu d'autre part que des différences profondes existaient entre tous ces êtres. Leur maladie n'est pas toujours la même : ils ne sont pas tous également nuisibles également révoltés, également frappés de déchéance physiologique.

Eh bien, la loi va-t-elle établir une mesure unique contre tous les incorrigibles ? Le malheureux incapable de vaincre la destinée, sera-t-il traité comme le malfaiteur dangereux ? La loi va-t-elle au contraire établir un ensemble de mesures entre lesquelles les magistrats auraient le droit de choisir?

Une revue rapide des systèmes d'élimination proposés dans ces dernières années fera peut-être jaillir la réponse.

CHAPITRE III

SYSTÈMES SUR LE RÉGIME DE L'ÉLIMINATION

SECTION I. — L'EMPRISONNEMENT PERPÉTUEL

I

Nous avons vu que certains Codes récents, tels que le Code pénal hollandais, avaient une tendance à établir, tout au moins contre la masse des infractions de droit commun, une peine uniforme dans son régime, variable seulement dans sa durée, d'après les circonstances spéciales au délit ou au délinquant. Si l'idéal est dans cette unité de la peine, l'emprisonnement n'est-il pas aussi la mesure d'élimination par excellence ? C'est ce qu'on a pensé quelquefois.

Au Congrès de Saint-Pétersbourg, nous l'avons vu, plusieurs rapporteurs proposèrent contre les incorrigibles l'emprisonnement perpétuel soit en cellule (rapport de M. Alongi), soit en commun (M. Georges Dubois). Pour des partisans de l'idée d'incorrigibilité c'était pousser jusqu'à ses limites extrêmes le souci de la logique... et de la défense sociale. Aussi d'autres auteurs, sans aller aussi loin, ont proposé divers systèmes d'aggravation dont nous avons déjà parlé et qui constituent aussi de véritables mesures d'élimination.

L'idée d'emprisonner à vie ou pour une longue durée les malfaiteurs incorrigibles se justifie du reste par d'autres arguments. Nous ne voulons pas, dit M. Georges Dubois, d'un palais des invalides du crime. C'est contre les incorrigibles que la répression doit se faire plus rigoureuse, en même temps que la défense sociale exige une détention plus longue. En suivant cette idée, on arrive même à demander pour les récidivistes une peine d'emprisonnement au régime plus sévère (1). Le législateur semble du reste entrer dans cette voie. En Belgique, le gouvernement vient de présenter un projet de loi aggravant contre les récidivistes le régime de la cellule (Sénat belge, séance du 29 janvier 1897). Pourquoi ne pas étendre le même principe à l'élimination? Elle deviendrait ainsi, en même temps qu'une mesure de protection, une peine sévère, agissant par intimidation et peut-être par correction.

II

L'emprisonnement, considéré comme mesure d'élimination, confond donc l'idée de garde et l'idée de répression. N'y a-t-il pas là un premier vice du système?

Le seul droit de la société, dès qu'il s'agit d'incorri-

(1) *Actes du Congrès pén. de Saint-Pétersbourg*, t. III, p. 489.

gibles, est le droit de se protéger contre des récidives certaines. L'emprisonnement dépasse ce but et introduit par là même, dans le système pénal, des inégalités grossières. Comment fera-t-on accepter par l'opinion publique des peines de 10 ou 20 ans de prison, ou surtout l'emprisonnement perpétuel, contre des petits délinquants alors qu'un criminel sera puni beaucoup moins sévèrement. A-t-on pu songer sérieusement à enfermer à vie dans une maison cellulaire nos vagabonds ou nos mendiants d'habitude ? N'est-il pas extraordinaire que l'on vienne même proposer un régime disciplinaire et alimentaire plus dur? On dira peut-être que dans la pensée des auteurs de ces propositions, il s'agit uniquement d'incorrigibles véritablement dangereux. Mais puisque par hypothèse la peine ordinaire du dernier délit est très insuffisante et que l'on est obligé de recourir à l'élimination, il y aura toujours une énorme disproportion entre le délit commis et la peine prononcée, puisque dans ce système l'élimination devient une véritable peine. D'ailleurs il resterait alors à chercher la solution du problème pour la masse des petits délinquants qui constituent l'immense majorité des incorrigibles. Emprisonner les incorrigibles, c'est donc une rigueur injuste, car si l'élimination se transforme en peine, on a le droit de lui opposer le principe de la proportionnalité.

Et pourquoi cet emprisonnement? La prison a démontré en ce qui les concernait son impuissance radicale. Qu'espère-t-on en infligeant à une dose beaucoup plus considérable un remède reconnu mauvais? Le repentir ? L'habitude du travail? Nous avons déjà réfuté ces chimères. Pourquoi surtout parle-t-on ici d'emprisonnement cellulaire ? Est-ce qu'il faut éviter la corruption pour des malfaiteurs invétérés, corrompus depuis longtemps ? Veut-on retomber dans les utopies que nous avons autrefois combattues, sur les bienfaits de la cellule en matière de criminalité profession-nelle ?

Que devient dans ce système cette belle idée de l'uti-lisation des incorrigibles qui pour nous est le fondement même de l'élimination ? Nous avons affaire à un per--sonnel dépourvu de toute connaissance professionnelle. On va donc consacrer ces existences manquées à ces occupations ridicules de « fainéant industriel », selon le mot de M. Tarde, à ces industries fantaisistes de nos prisons cellulaires ou communes et qui n'exigent ni apprentissage ni effort sérieux ? Les incorrigibles finiront leur vie en triant des chiffons et en fabriquant des sacs en papier ! Ne sent-on pas que l'on crée ainsi ce palais des invalides que l'on voulait éviter ? Le travail des prisons ne peut pas faire des travailleurs avec les éléments incorrigibles et c'est ce même travail qu'on va leur imposer à perpétuité ? Il y a là tout au moins un étrange aveu d'impuissance.

Est-il besoin d'insister encore ? Il règne dans ce sys-tème une telle indécision, une telle incompréhension du but à atteindre et des caractères de l'élimination que l'on a été jusqu'à proposer contre les incorrigibles à la fois le régime en commun et le régime cellulaire. D'après M. Georges Dubois, ils devraient d'abord être mis en cellule pendant un certain temps, puis replacés dans la prison commune. En voulant satisfaire toutes les opi-nions, on aboutit ainsi à une absurdité, car si pour essayer de justifier cette succession de régimes, on veut considérer la période cellulaire comme l'expiation du dernier délit, comment expliquer l'emprisonnement avec un régime très sévère que M. Dubois veut lui faire succéder?

L'emprisonnement considéré comme mesure d'élimination est donc à la fois un système excessif et dangereux et un système insuffisant.

Excessif, parce qu'il transforme ce qui doit être une simple mesure de précaution en une peine rigoureuse, parce qu'il froisse la conscience publique, cette reine du droit pénal, en confondant dans la même répression tous les délits et tous les délinquants. Dangereux, parce qu'il rend indifférend pour un malfaiteur d'habitude l'accomplissement d'une légère infraction ou d'un grand crime. Enfin c'est un système insuffisant, parce qu'il avoue lui-même son impuissance, à faire de l'incorrigible un travailleur, en continuant un régime reconnu mauvais. En résumé, l'élimination a été définie par nous une mesure de protection et une mesure d'utilisation. L'emprisonnement dépasse le premier but et empêche d'atteindre le second (1).

SECTION II. — LA TRANSPORTATION

I

Considérée comme peine d'élimination contre des incorrigibles, la transportation est une idée tradition-

____

(1) Il est à remarquer ici que la cellule à longue durée perd beaucoup de partisans. Le gouvernement belge, dans le projet cité plus

nelle, aimée par l'opinion publique de tous les temps : c'est l'opinion publique qui l'a imposée au législateur français en 1885. Mais la science a longtemps répudié la transportation, de telle sorte que l'histoire de ce système, jusqu'à ces derniers temps, n'est qu'une longue lutte pour l'existence.

Les tentatives mal conçues du siècle dernier justifiaient peut être cet ostracisme. En France même, on refusait de considérer la transportation comme une véritable peine. M. Ch. Lucas l'appelle dédaigneusement un « expédient », un « système de débarras ». Les premiers Congrès pénitentiaires la rejettent. A Stockolm, en 1878, on décrète que « la transportation ne réalise pas toutes les conditions d'une bonne justice pénale ». Des brochures se publient dans tous les pays, et l'on montre par l'exemple de l'Angleterre et de la France, les désastres produits par l'adoption de cette prétendue peine. A Rome en 1885, à Saint-Pétersbourg en 1890, bien que la question de la transportation n'ait pas été posée d'une manière principale, elle fut encore vigoureusement combattue. Mais à Saint-Pétersbourg, elle remporte une première victoire. Avec des périphrases et des réserves prudentes, le Congrès, parmi les mesures qu'il recommande contre les délinquants d'habitude endurcis (1) parle de « *l'envoi dans des territoires ou possessions dépendant des pays intéressés pour l'utilisation de ces forces perdues* ». Au Congrès de Paris en 1895, la question de la transpor-

_____

haut, propose de réduire de 10 à 5 ans la durée maxima de cet emprisonnement (*Rev. pén.*, avril 1897).

(1) Auxquels, nous le savons, il refuse la qualification d'incorrigibles. *V. Actes,* tome 2, p. 383.

tation souleva des discussions passionnées. Les savants étrangers lui étaient en majorité défavorables. Mais, grâce aux efforts de M. Léveillé, elle triompha. La résolution votée par le Congrès présente un contraste frappant avec celle du Congrès de Stockolm : la transportation y est recommandée particulièrement contre les criminels d'habitude. Il était donc impossible de nier les progrès de la transportation dans l'opinion du monde savant. Ces progrès se sont manifestés au Congrès tenu en 1897, à Lisbonne par l'Union internationale. Le principe de la transportation a été adopté par 27 voix contre 4 et de l'aveu de tout le monde, c'est surtout comme mesure d'élimination contre des incorrigibles que la transportation a été envisagée.

En Italie l'école positive, en France et en Allemagne l'école sociologique, sont entièrement favorables à la transportation des incorrigibles. On la discute dans la presse, dans des brochures, on ébauche des projets de loi (2). Ce n'est pas que l'opposition ait entièrement désarmé. Au Congrès colonial de Bruxelles (1897) la transportation ou plutôt l'idée de la colonisation par

(1) Résolution votée : « *La transportation, sous ses formes diverses, avec les améliorations déjà réalisées et celles dont elle est susceptible, a son utilité soit pour l'exécution des longues peines pour de grands crimes, soit pour la répression des criminels d'habitude et récidivistes obstinés* ».

(2) V. notamment C. Brück : *Neu Deutschland und seine Pionière* (Breslau, 1896). *Fort midd en Zuchthaüsern*(1894), 24ᵉ session de l'association des juristes allemands, rapport de M. Freund. *Rivista pénale,* 1891 et *Rivista di-discipline carcerarie,* 1897, passim. Le Portugal a établi contre les récidivistes une transportation calquée sur la Relégation française. V. *décrets du 21 avril* 1892 et du 15 décembre 1891 (*Annuaire de législation étrangère,* 1893 et 1895).

les condamnés a été fort malmenée. Au Reichstag allemand, M. Nieberding, secrétaire d'État, a déclaré dans la séance du 31 janvier 1898, que le gouvernement allemand se refusait à présenter un projet de loi sur la transportation, Enfin, l'an dernier, à la Société des prisons, les adversaires de la transportation ont eu la satisfaction d'entendre M. Feillet, gouverneur de la Nouvelle-Calédonie, déclarer que le spectacle lamentable des résultats de nos lois de 1854 et de 1885, ne lui permettait plus aucune illusion sur la valeur du système.

Il est cependant permis d'affirmer que la transportation, considérée il y a quelques années encore comme un expédient, a pris place aujourd'hui dans la science pénitentiaire. Répond-elle bien aux caractères et aux buts de l'élimination, tels que nous avons essayé de le définir?

Certes, si, parmi les incorrigibles, quelques uns peuvent encore être sauvés, comme on le prétend, par un traitement long et sévère, c'est bien, semble-t-il, dans des conditions d'existence nouvelles, loin des anciennes tentations, que l'œuvre pourra être tentée avec quelque chance de succès. Et quant à la masse définitivement sacrifiée, la transportation n'est-elle pas encore la peine la plus naturelle? La main d'œuvre pénale semble tout indiquée pour mettre en valeur les vastes territoires que les puissances se disputent aujourd'hui avec tant d'âpreté. Ce qui rebute et éloigne la colonisation libre, n'est-ce pas le travail plus rude du début? D'autre part la main d'œuvre manque dans ces pays lointains pour exécuter les travaux publics les plus indispensables. Si on retient les incorrigibles dans la métropole, ne sera-t-on pas obligé en définitive, pour éviter l'emprisonnement, de revenir à l'institution des bagnes? La présence d'un aussi grand nombre de récidivistes, détenus à vie sur le sol continental serait pour les criminels un élément de haine et de révolte, pour les détenus eux-mêmes une espérance de libération ou d'évasion, un obstacle au relèvement déjà si problématique. L'éloignement des incorrigibles permettra d'éviter tous ces inconvénients : dans la colonie, ils pourront être laissés dans une demi liberté favorable aux travaux productifs.

Telles sont les idées générales qui à l'heure actuelle entraînent les savants et les Congrès dans un sens favorable à la transportation des récidivistes. Mais il serait bon de savoir si l'œuvre proposée est possible avec les éléments étudiés dans notre chapitre Ier. Eh bien, nous avons ici une expérience de treize années faite par le législateur français sous le nom de relégation ; peut-être les résultats de cette expérience nous donneront-ils un enseignement. En outre bien des questions accessoires se posent : Dans quelle mesure faut-il favoriser le reclassement? Comment organiser le travail? Les récidivistes seront-ils à l'état de liberté? On a essayé de répondre à toutes ces questions sur lesquelles la controverse est vive encore aujourd'hui. Quelles ont été sur ces divers point l'évolution des idées scientifiques et les solutions du législateur de 1885?

C'est en faisant cette histoire des idées scientifiques sur la transportation des récidivistes, et non pas en nous abandonnant à une argumentation syllogistique, qu'ici encore peut-être, nous parviendrons à découvrir une parcelle de vérité. A ce point de notre étude, nos recherches sur les caractères des incorrigibles deviendront d'un secours précieux.

Nous saurons alors si la transportation, cette « fille cadette de la science », a véritablement l'avenir devant elle comme on le proclamait au Congrès de Paris, ou si elle ne constitue qu'un brillant paradoxe et qu'un système impraticable, déjà couvert des rides de la vieillesse.

II

Le Code pénal de 1810 avait oublié la transportation. Mais du jour où les premières statistiques criminelles posèrent le problème de la récidive professionnelle, cette peine redevint l'objet des préoccupations des savants Dès 1830, Dupont de l'Eure demande l'envoi des repris de justice dans les colonies. C'est, nous l'avons vu, le système du débarras. Comme le disait plus tard M. Michaux, il faut « liquider les existences manquées, de manière qu'elles ne puissent plus être, dans la métropole, un élément de décomposition morale et d'insécurité ». C'est ce mouvement d'idées antérieur au milieu du siècle que résume la célèbre phrase de Lamartine. Seulement il n'y avait là qu'un côté de la question, le côté pratique et même terre à terre. Le débarras une fois opéré, conformément aux saines traditions du xviiie siècle, il s'agissait de savoir ce que l'on ferait dans les colonies de cette multitude de malfaiteurs et de vagabonds.

C'est à ce moment que la science pénitentiaire s'empara du problème. Or, la transportation apparaissait alors à certains esprits comme un système de répression parfait, convenant à toutes les catégories de délinquants. Aussi se produisit-il une confusion déplorable. Les idées humanitaires de Napoléon III faisaient apparaître la transportation surtout comme un moyen de régénération morale et de reclassement; les récits légendaires qui commençaient à se répandre, sur l'œuvre des convicts australiens, laissaient croire qu'il était possible, avec l'armée des malfaiteurs, de fonder au loin une « France nouvelle » d'où pourrait sortir une population honnête et laborieuse. Ces idées, on les crut applicables aux récidivistes comme aux criminels d'occasion. Et en effet n'avons nous pas vu précisément que les savants de cette époque expliquaient l'incorrigibilité par le mauvais état des prisons? En sortant le récidiviste de la prison, on crut avoir tout gagné et supprimé la cause agissante de son incorrigibilité.

Et voilà l'explication de toutes ces belles théories, exposées en phrases éloquentes, qui ont constitué la première conception scientifique de la transportation des récidivistes.

Du côté de la métropole, débarras, du côté de la colonie, prospérité, population nouvelle, du côté du récidiviste, régénération morale, tel était le système. Sans doute, on reconnaissait qu'il y avait quelques incurables, mais pour ceux-là aussi, on voulait la transportation en la considérant comme un débarras. D'ailleurs la définition pénitentiaire de l'incorrigible avait tellement pénétré les esprits, qu'on s'attendait à une transformation psychologique radicale chez le plus endurci. « Chaque tour de l'hélice qui l'éloigne à jamais de la France » (1) devait aider à lui rendre ou à lui donner le goût du travail. A peine débarqué il demanderait « lui-même à être assigné ou à cultiver un coin de terre ».

Car pour aider l'incorrigible à se relever, on faisait entrer en scène l'État, non pas comme un être qui se défend contre des malfaiteurs, mais comme un bon père de famille qui dote et marie ses enfants, et les soutient dans la vie. Et pour attacher le récidiviste au sol, pour lui restituer le sentiment de sa dignité, on le rendait propriétaire en lui donnant une concession, et père de famille en le mariant.

Les natures les plus rebelles ne devaient pas résister à ce traitement et le récidiviste redeviendrait vite un honnête homme quand tout espoir d'évasion ou de rentrée en France se serait évanoui. « Rien n'est plus simple, disait-on et rien ne sera plus fécond ». Parfois même on rappelait l'exemple de Rome, fondée selon la légende, par une troupe de brigands, et qui ne put prospérer qu'après l'enlèvement des Sabines. Cette œuvre une fois tentée, quel soulagement pour la métropole, quel élément de prospérité et d'avenir pour nos colonies. « Ne serions-nous pas encore la grande nation au drapeau aimé et respecté ? »

Ainsi la transportation des récidivistes dans cette conception n'est pas une peine ni même une opération de sécurité publique. C'est avant tout une œuvre patrio-

(1) Joseph Reinach. *Les récidivistes*, Paris 1882, p. 210.
(2) S. Chopy, *Vagabonds et repris de justice*, 1872, p. 49.

tique et humanitaire. Le récidiviste dépouillait là-bas cette couverture de vices qu'en France il traînait de prison en prison, cet antisocial devenait le pionnier de la civilisation : la société ramassait son rebut et le jetait en avant d'elle, pour ouvrir la marche (1).

On comprend dès lors que l'on applique un système aussi merveilleux au plus grand nombre de délinquants possible. Aussi les théoriciens de la regénération morale proposent-ils la transportation contre les mendiants et les vagabonds d'habitude aussi bien que contre les grands récidivistes. Et il s'agit là d'une transportation à vie, car l'œuvre de reclassement ne peut réussir que si tout espoir de retour est mort dans l'esprit de l'incorrigible(2). Comment se plaindraient-ils ? Eux qui n'ont plus rien à espérer de la société on leur fait entrevoir toute une vie nouvelle, la propriété, la famille, on parle même de « leur faire un sort assez enviable pour inspirer à des colons libres le désir de venir le partager !! » (3). Ce sont des miséreux qui viennent de faire un héritage.

Dès lors, et c'est ici une autre conséquence du système, ces individus, transférés dans la colonie, devront être laissés entièrement libres. Il s'agit de les abandonner à leur propre initiative en leur mettant dans les mains tous les outils, en leur donnant ce qu'on refuse aux honnêtes gens qui s'expatrient. Liberté, transportation pour toutes les catégories de

(1) Homberg. *De la répression du vagabondage*, Paris, 1869 ; Lagrésille. *Du vagabondage et de la transportation*, Paris, 1878 ; Michaux. *Étude sur la question des peines*, Paris, 1878 ; Barbaroux, S. Chopy, etc., ouvrages cités.
(2) Joseph Reinach, *op. cit.*, p. 151.
(3) Homberg, *op. cit.*, p. 88.

délinquants d'habitude, ce sont là deux idées étroitement liées : considérée comme une peine véritable avec travail obligatoire, la transportation deviendrait une grande iniquité contre des vagabonds inoffensifs. Cela est si vrai que certains pénalistes de cette époque, qui, moins riches en illusions, avaient adopté cette dernière conception, réservent la transportation aux grands délinquants d'habitude, vraiment dangereux (1); et que pour répondre aux protestations humanitaires de certains députés lors de la discussion de la loi de 1885, on disait: il ne s'agit pas là d'un « internement » mais d'une simple déportation. Le récidiviste devait être là-bas ce qu'il était en France : libre une fois sa peine subie.

Ainsi, partant de l'idée de régénération morale, on était logiquement amené à séparer l'idée de répression et l'idée de transportation. Et voilà l'explication de ce système, adopté par la loi de 1885, qui voit dans la transportation une peine accessoire. Le récidiviste doit avant tout être puni selon la loi pénale commune. La transportation, elle, s'adresse à l'avenir ; elle est une sorte de patronage, tendant à empêcher les récidives et à reclasser le libéré.

Tel était le mouvement des idées, en France, lorsque le 1er décembre 1881, M. Jullien présenta à la Chambre un projet de loi prononçant contre certains récidivistes la peine de la relégation dans les colonies.

(1) Ch. Petit. Rapport au conseil supérieur des prisons, suivi d'un projet de loi sur la transportation des récidivistes, *Rec. pén.*, 1878, p. 168 et 256.

III

Les discussions que souleva, au Parlement et dans le public savant, la présentation des divers projets de loi, laissèrent bientôt voir tout ce qu'avait d'artificiel la théorie de la régénération morale. La transportation des condamnés aux travaux forcés n'avait pas réalisé les espérances de ses auteurs. Elle n'était qu'une suite de déceptions et d'échecs lamentables. M. Pallu de la Barrière venait déclarer à la Commission du Sénat, que sur 10.000 transportés, 40 à 50 à peine avaient pu se reclasser définitivement en conservant leurs concessions. Et cependant quelle différence entre les condamnés aux travaux forcés, le plus souvent jeunes et énergiques, seulement à demi pervertis, et ces professionnels du délit en qui la fréquentation habituelle des prisons a tué tout sentiment quelconque, et que des vices ou des tares innombrables rendent physiquement et moralement impuissants !

L'un des premiers qui élevèrent la voix, ce fut précisément ce théoricien enthousiaste de la régénération morale que nous citions naguère. M. Michaux, dans sa déposition devant la Commission du Sénat, déclara qu' « il ne conservait peut-être pas sur la transportation toutes les illusions qu'il avait eues. » (1). Les récidivistes, disait-il encore, sont un élément

____

(1) *Journ. off.* — *Annexes* (Sénat), **1885**, p. 538.

détestable pour la colonisation. De tous côtés vinrent les avertissements. « Tels vous prendrez les récidivistes dans la métropole, s'écriait M. Granet à la Chambre, tels vous les transporterez dans la Nouvelle-Calédonie : ils seront là-bas ce qu'ils sont ici. »

C'était le principe même de la transportation des récidivistes qui était ainsi mis en cause. On ne le crut pas, et l'on pensa répondre à toutes les critiques en mettant dans la loi l'obligation au travail pour les relégués. C'était là en effet l'illusion grossière et apparente : croire que par suite d'un simple déplacement les incorrigibles allaient bénévolement se mettre à l'ouvrage, construire des routes et fonder des familles, c'était une conception fantastique. Après une campagne de presse menée vigoureusement par M. Léveillé, les protestations des colonies, les dépositions de MM. Chessé, Pallu de la Barrière, etc. forcèrent le parlement à modifier l'ancienne conception. (Au Sénat il est vrai, M. W. Rousseau déclara que jamais le gouvernement n'avait eu la pensée de lâcher les récidivistes en liberté complète à travers nos colonies). Et maintenant la relégation devenait une véritable peine différant bien peu des travaux forcés : il ne s'agissait plus de faire un sort enviable aux habitués des prisons.

Mais de graves questions devaient alors se poser. A quels récidivistes cette peine pouvait-elle légitimement et utilement s'appliquer ? Est-ce que la transformation de la conception primitive n'entraînait pas de graves modifications dans l'application ? Ces questions restèrent sans réponse et les conséquences de l'ancienne théorie subsistèrent alors qu'on abandonnait le principe. Il y a donc dans la loi un mélange de deux conceptions absolument opposées : cette confusion d'idées est le vice capital de la loi de 1885.

Tout d'abord, devenant une peine, et une peine terrible, la relégation n'est plus une mesure favorable au récidiviste, une œuvre humanitaire et patriotique. Elle n'est légitime que dans la mesure où elle peut servir la défense sociale contre des malfaiteurs dangereux. Contre des vagabonds presque inoffensifs, elle est une monstruosité juridique.

En second lieu, la relégatiou n'aurait-elle pas dû perdre le caractère accessoire qu'elle avait dans le projet de loi ? Ce caractère accessoire ne se comprend que si la transportation vient après l'expiation, comme une mesure d'un ordre tout nouveau. Et s'il y a quelque chose d'étrange dans cette peine accessoire perpétuelle venant après un emprisonnement de quelques mois, n'est-il pas contradictoire, au point de vue pratique, de conserver dans les prisons communes, pour les affaiblir et les démoraliser plus encore, des êtres que l'on veut consacrer à la colonisation, et obliger à exécuter dans les colonies de grands travaux publics ? Cette conception devient véritablement extraordinaire si l'on se rappelle que pour les promoteurs de la loi de 1885 c'est la définition pénitentiaire de l'incorrigible qui est la raison d'être de la transportation. C'est la prison commune qui a créé l'incorrigible et qui lui permet maintenant d'enseigner la route du crime aux novices, et l'on va replonger encore cet être nuisible dans le même milieu ! Comment accorder toutes ces idées contradictoires ?

Il y a plus. Pourquoi veut-on imposer le travail aux relégués ? On prévoit que beaucoup d'entre eux n'au-

ront pas les moyens ou la volonté de subvenir à leur
existence, et que par suite, dans un milieu où la vie
est plus difficile encore, ils recommenceront la série
de leurs méfaits. Dès lors, on est conduit à séparer
de la masse des relégués ceux qui plus heureux ou
plus habiles pourraient prouver qu'ils ont des moyens
d'existence ou qu'ils peuvent s'en procurer par l'exercice
d'un métier. Aussi la loi de 1885 laisse-t-elle prévoir
une grande classification qui, dans le décret du 26 novembre 1885, est devenue la distinction entre les
relégués individuels et les *relégués collectifs*. On
conserve sous le nom de relégation individuelle la
conception primitive (état de liberté). Et par là le législateur de 1885 montrait bien qu'il gardait sur le reclassement toutes les espérances que les partisans de la
transportation répandaient depuis 50 ans. Les relégués
individuels devaient rester libres dans la colonie, être
soumis seulement à un système d'appels, et à une
surveillance assez relâchée ; le droit commun subsistait
pour eux, sauf le danger d'être privés de cette faveur
et d'être réintégrés à la « collective » en cas de mauvaise conduite. Quant aux relégués collectifs, on les
conservait sur les chantiers de l'État pour les soumettre
au travail et à la discipline, non pour une raison de
défiance plus grande à leur égard, mais uniquement
par ce qu'ils ne pouvaient justifier de ressources
certaines. Cette classification des criminels d'après
leur situation de fortune ou leur prétendue habileté
professionnelle était, dans une loi pénale, quelque chose
de nouveau, une inégalité digne de l'ancien régime.
Elle était la promesse d'un échec car les chances de
reclassement et la moindre perversité des condamnés

n'ont aucun rapport avec leur situation pécuniaire (le contraire serait plutôt vrai).

Ainsi dès maintenant la loi de 1885 apparaît comme une œuvre mal construite, empruntée à deux théories contraires, et aboutissant, par suite de ce mélange d'idées, à des iniquités, à des dispositions contradictoires. Comment cette loi mauvaise a-t-elle été appliquée ?

IV

Si l'on se place tout d'abord au point de vue du débarras, la loi de 1885 ne semble pas avoir donné tout ce qu'on attendait d'elle. Dans les travaux préparatoires on parlait de plusieurs milliers de relégués tous les ans. Ces chiffres sont loin d'avoir été atteints. Du 27 novembre 1885 au 31 décembre 1895, 10.615 individus ont été condamnés à la relégation par les tribunaux de France et d'Algérie (1). Le chiffre le plus élevé a été atteint en 1887 (1.934 condamnations) et depuis le nombre des condamnations a été en diminuant d'une manière régulière. En 1895, il n'y en a plus que 871.

Pourquoi cette diminution ? Il est bien évident que malgré les chiffres relativement élevés des premières années, la population des malfaiteurs d'habitude n'a pas été très sensiblement diminuée (V. chapitre Ier).

____

(1) 7.421 ont été relégués. Les autres étaient encore en cours de peine, avaient obtenu des dispenses, ou avaient été transportés en vertu de la loi de 1854.

Il est donc permis de penser, avec les rapports officiels eux-mêmes, que la magistrature répugne de plus en plus à l'application de cette loi. Ce fait remarquable ne peut nous étonner au point où nous sommes arrivés : telle qu'elle était construite, la loi de 1885 était à peu près impraticable.

Dès les premiers mois on s'en aperçut, lorsqu'il s'agit d'opérer cette fameuse classification entre relégués individuels et relégués collectifs. Il parut impossible à la commission de classement des récidivistes, de laisser libres dans une colonie des êtres absolument perdus, voués au délit par définition, et dont la contrainte seule pouvait venir à bout. D'ailleurs presqu'aucun de ces incorrigibles n'avait de moyens d'existence assurés ni de profession sérieuse. Dès lors la relégation individuelle ne pouvait fonctionner (du moins comme situation immédiate du récidiviste à son arrivée dans la colonie). Des débuts de l'application de la loi jusqu'au 31 décembre 1890, 26 condamnés seulement, dont 2 femmes, avaient été proposés pour la relégation individuelle. Sur ce nombre, 13 hommes avaient obtenu cette faveur en raison de leur âge, pour pouvoir être versés dans les corps des disciplinaires coloniaux (1). Quant aux autres, les colonies de Mayotte et de Nossi-Bé n'ayant pas voulu les recevoir, ils furent réintégrés à la relégation collective. Depuis, la commission métropolitaine n'accorde en principe la relégation individuelle qu'aux jeunes gens dont nous parlons. Leur nombre est d'ailleurs infime (10 en 1895 sur 695 relégués classés).

(1) Les relégués collectifs sont exclus de l'armée (Loi du 15 juillet 1889, art. 4).

Ainsi, par la force des choses, la relégation prenait de plus en plus l'aspect d'une véritable peine privative de liberté, devant être subie sur des chantiers surveillés par l'État. Ce n'était plus la sonore théorie de la colonisation par les condamnés. Et en effet, à ce moment toute une école nouvelle se dressait, sous l'impulsion énergique de M. Léveillé. En même temps que l'on voulait restituer à la transportation de 1854 sa force répressive et intimidante, sacrifiée par une organisation défectueuse (surtout par le décret du 18 juin 1880), on essayait de remédier aux obscurités et aux lacunes de la loi de 1885 par une organisation plus scientifique de la relégation.

Le principe fondamental de cette nouvelle école, moins optimiste, c'est que la relégation ne doit pas être un moyen de peupler nos colonies, mais de préparer la colonisation libre en employant le mieux possible la main d'œuvre pénale. Croire que l'on pourrait fonder des familles nouvelles avec le résidu des prisons était pour cette école une idée à la fois chimérique et malsaine. (1) La moitié des femmes reléguées sont âgées de plus de 40 ans ; les autres sont chargées de vices de toute nature qui les rendent impropres à une pareille œuvre. Ces sortes d'unions ne peuvent engendrer que la paresse et la prostitution. La situation est presque aussi mauvaise pour les hommes. On pourrait songer tout au plus, comme le pense M. Léveillé, à faire suivre le relégué par sa famille s'il en a une ; mais nous savons que les incorrigibles

—————

(1) V. Léveillé : *La Guyane et la question pénitentiaire coloniale.*

sont en général des êtres isolés: lorsqu'ils ont une
famille, c'est elle souvent qui les a dressés au vice;
et si la famille est honnête, elle a depuis longtemps
rejeté loin d'elle le membre pourri. D'ailleurs les statistiques montrent que les relégués mariés et pères
de famille sont une infime minorité: 81 en 1895 sur
632. Voilà donc une œuvre possible peut-être pour
les condamnés aux travaux forcés, mais impraticable
dès qu'il s'agit d'incorrigibles: c'est une première
illusion à laisser de côté. Quant à la colonisation,
d'après l'école de M. Léveillé, sans la famille elle
devient impossible. Vouloir transformer en agriculteurs
des individus de 30 à 50 ans, absolument épuisés,
ignorants de tout travail, déshabitués depuis longtemps
des travaux des champs s'ils sont originaires de la
campagne, désireux uniquement de mener une vie de
paresse sous une surveillance plus relâchée que celle
des prisons, c'est pour cette école une chimère insensée.
Les statistiques prouvent que les relégués sont en
presque totalité l'écume des grandes villes (1). Il n'y
a rien à tirer de ces hommes au point de vue de la
colonisation.

N'y avait-il pas d'ailleurs quelque chose de paradoxal
et d'inique, comme l'a dit M. Garçon au Congrès de
Paris, dans cette théorie qui accordait à des criminels
endurcis ce que l'on refuse à d'honnêtes paysans?
Faut-il donc commettre des délits répétés pour
avoir droit aux faveurs de l'État?

Rien ne reste debout de l'ancienne conception. Pour

---

(1) En 1895, 25 0/0 du nombre total des relégués ont été condamnés dans le ressort de la Cour de Paris, alors que ce ressort ne
comprend que 13 0/0 de la population totale de la France.

M. Léveillé, la solution du problème est dans ce que les Anglais appellent la servitude pénale. Il s'agit comme nous le disions naguère de rendre toute cette population de malfaiteurs utile à la Société en lui faisant accomplir dans les colonies les grands travaux qui rebutent les colons libres. Les relégués valides seraient divisés en compagnies qui seraient transportées sur divers points de nos possessions lointaines, là où besoin serait. Et pour appliquer ces idées nouvelles, il fallait avant tout, selon M. Léveillé (1), supprimer cette disposition absurde qui enferme le relégué en prison, pour augmenter encore son épuisement, avant de le jeter dans les colonies. Ce qu'il faut, c'est réunir les relégués sur un ponton, à Brest par exemple, et là leur imposer une sorte d'apprentissage de leurs travaux futurs.

Telle était la nouvelle conception. Elle eut une grande influence sur la rédaction des décrets organisant la peine de la relégation. Et sous le nom de *sections mobiles,* le décret du 26 novembre 1885 (art. 4) prévoyait la création de groupes de relégués choisis parmi les plus valides pour être employés dans diverses colonies sur des chantiers de travaux publics. Les décrets du 12 février et du 13 juin 1889 créèrent une section mobile à la Guyane, une autre en Nouvelle-Calédonie et déterminèrent les travaux auxquels elles seraient occupées.

En résumé, après toutes ces discussions, la relégation se présentait comme une peine à trois faces, émanée de trois conceptions distinctes. Relégation

(1) V. les articles de M. Léveillé dans *le Temps,* 1885-86, passim.

individuelle, à peu près inapplicable, tout au moins au début de la peine. Sections mobiles pour les relégués valides, dont on pouvait tirer un travail sérieux ; enfin relégation collective pour la tourbe incurable et impuissante.

Dans toute cette population d'incorrigibles, nous n'avons trouvé presque personne pour la relégation individuelle. Le recrutement des sections mobiles elles-mêmes fut bien pénible, et à ce point de vue, il n'y a rien de plus lamentable que les statistiques publiées par la Commission métropolitaine. La première année, sur 625 relégués examinés par elle, 23 seulement purent être affectés à une section mobile. Au total, sur 8.917 relégués examinés par la Commission jusqu'au 31 décembre 1895, 912 relégués seulement ont été placés dans les sections mobiles : les autres étaient jugés incapables ou trop mauvais. (La Commission constate elle-même, dans le rapport de 1887, que les relégués susceptibles d'être mis en section mobile sont très rares). ·

Que faut-il penser de ces chiffres ? Ils semblent dès maintenant indiquer que la relégation, jusqu'ici, n'a été qu'un désastre. S'il en est ainsi, ce passé doit-il faire désespérer de l'avenir ?

---

(1) D'après le rapport de la Commission de classement des récidivistes pour l'année 1887, la Commission place dans les sections mobiles tous les récidivistes qui « jouissant d'une bonne santé peuvent rendre de réels services dans l'œuvre de la colonisation et présentent par suite certaines chances d'amendement ».

V

Une première constatation qu'il importe de faire avant tout, pour simplifier la discussion, c'est que la relégation appliquée aux femmes ne pouvait donner et n'a donné que de mauvais résultats.

Pourquoi envoyer des condamnées dans nos colonies? Elles ne sont pas aptes aux grands travaux d'utilité publique ; on ne peut guère exiger d'elles que des travaux d'intérieur. La loi du 31 mai 1854 l'avait bien compris, puisqu'elle ne rendait pas obligatoire la transportation des femmes condamnées aux travaux forcés. Il est bien plus simple de les conserver dans nos prisons continentales que de les envoyer à grands frais dans nos possessions lointaines, où l'on sera obligé non seulement de construire pour elles une nouvelle prison, mais aussi de leur imposer un régime absolument semblable à celui de nos maisons centrales.

C'est en effet ce qui s'est produit pour la relégation. Un arrêté du gouverneur de la Guyane du 25 septembre 1890, décida que les femmes reléguées seraient internées dans un établissement spécial, employées à des travaux de couture ou de jardinage dans l'intérieur de cet établissement, et que toute communication avec le dehors leur serait interdite. (A la Nouvelle-Calédonie une organisation identique a été prise). Les femmes reléguées sont emprisonnées dans des baraquements à Saint-Laurent du Maroni et à l'île

des Pins. Une fois par semaine, sous la conduite
des sœurs, elles font une courte promenade en dehors
du dépôt : c'est la seule particularité du régime de
ces établissements, qui sont en somme de véritables
prisons (1). Pourquoi installer ces prisons à quelques
milliers de lieues de la France ? Profond mystère !
Est-ce pour marier ces femmes et fonder des familles ?
Le législateur de 1885 en effet, allant plus loin dans
la voie des chimères que le législateur de 1854, a
pensé que les reléguées pourraient servir à l'œuvre
de reconstitution de la famille. Seulement on a oublié
à quel personnel on avait affaire. Les femmes reléguées
sont d'abord plus âgées en général que leurs collègues
masculins, comme le montre le tableau suivant :

ANNÉES	DE 21 A 40 ANS		DE 41 A 60 ANS	
	Femmes 0/0	Hommes 0/0	Femmes 0/0	Hommes 0/0
1886-90........	41	57	59	43
1891..........	52	61	48	36
1892..........	44	68	56	32
1893..........	46	70	51	30
1894..........	59	72,5	41	28,5
1895..........	59	73,5	40,4	27

Les notices sur la relégation confessent que toutes
ces femmes, quel que soit leur âge, sont absolument
épuisées, adonnées à l'ivrognerie et à la prostitution (2).

(1) Paul Mimande. *Forçats et proscrits,* 1897, p. 116.
(2) *Rapport de la commission de classement des récidivistes pour
l'année 1889.* Il y a une certaine amélioration depuis quelques
années, mais en 1895 encore, sur 47 femmes examinées par la commission, 19 ont plus de 40 ans et 7 plus de 50 ans, 12 seulement ont
moins de 30 ans.

Lorsqu'on les rencontre dans leur promenade, ou surtout lorsqu'on les voit au dépôt, dit un voyageur, on se demande par quelle aberration on a espéré faire de ces malheureuses des épouses et des mères. Les plus jeunes d'entre elles ont été mariées à des forçats libérés ; les résultats de ces tristes unions, d'après le gouverneur Feillet, ont été « épouvantables ». La majorité de ces mariages n'a produit que l'association en vue de l'exploitation de la débauche. Aussi l'administration pénitentiaire a-t-elle à peu près abandonné ce système de mariages, au moins pour les femmes reléguées.

Que quelques-unes de ces femmes témoignent un certain repentir, et tout en étant aptes au mariage (1) donnent des garanties de relèvement, c'est déjà un espoir bien chimérique. Mais serait-ce une raison pour transporter en masse tous ces êtres dégradés et absolument inutiles ? Ne pourrait-on pas faire un choix en France et n'envoyer aux colonies que les femmes susceptibles d'être utilisées d'une manière profitable ? On répondra avec les notices, que les femmes reléguées rendent de grands services dans les travaux de couture, et en effet M. Paul Mimande constate qu'à l'île des Pins, le travail des femmes a rendu libres pour d'autres œuvres les relégués ou les forçats employés dans les ateliers des tailleurs et confectionnant les vêtements destinés aux transportés. Mais ces travaux peuvent être exécutés en France beaucoup plus économiquement et beaucoup plus rapidement.

(1) D'après le docteur Nicomède 1/10 des femmes reléguées tout au plus est physiquement apte au mariage. *Les Relégués à l'île des Pins,* p. 67.

Une dernière espérance pouvait subsister : engager les femmes reléguées chez des particuliers comme domestiques et donner ainsi aux colons une main d'œuvre qui souvent leur manque. Ce moyen de relèvement, nous le verrons bientôt, a été peu apprécié par les reléguées ; comme les hommes, elles n'ont vu dans la relégation individuelle qui leur était concédée à la suite de ces engagements qu'un moyen de recommencer leur vie de débauches.

Ainsi pour la grande majorité des femmes incorrigibles, la relégation ne peut-être et n'a été jusqu'ici qu'une prison déguisée, trois ou quatre fois plus coûteuse que les prisons métropolitaines. Pour une minorité, elle est un moyen de continuer une existence de vices et de prostitution. En somme, la transportation des femmes incorrigibles, c'est pour la France une institution coûteuse et inutile, pour les colonies un élément de démoralisation. C'est une institution jugée : nous n'y reviendrons plus.

VI

Nous avons vu que parmi les relégués examinés en France par la Commission de classement, il avait été impossible de choisir même une minorité de relégués individuels et d'organiser l' « aristocratie » de la relégation. Mais si celle-ci est restée une pure abstraction en tant que situation des récidivistes à leur départ de France, ne pouvait-on pas espérer que dans la colonie des industriels, des agriculteurs, consentiraient à prendre des relégués à leur service, et même qu'après un certain temps d'épreuves, des relégués pourraient obtenir des concessions de terre, s'ils présentaient certaines garanties de reclassement et de bonne conduite? C'était bien l'espérance du législateur de 1885. Le décret du 26 novembre (art. 2 § 2) décidait que le bénéfice de la relégation individuelle serait accordé aux relégués qui pourraient ainsi travailler pour leur compte ou pour le compte d'autrui, ou justifier d'engagements de travail. Ces espérances ont-elles été réalisées?

En Guyane, les premiers essais de relégation individuelle eurent lieu en 1889 : ils furent suivis d'un échec lamentable. Sur 17 relégués ainsi favorisés, 13 s'adonnèrent à l'inconduite ou à la récidive, et durent être, au bout de quelques semaines, réintégrés sur les chantiers de l'État. Ce premier désastre n'a pas découragé l'administration pénitentiaire, car tous les ans un certain nombre de relégués ont ainsi monté en grade. Seulement tous les ans aussi les réintégrations se sont produites en très grand nombre. En 1893 par exemple, 37 relégués durent être renvoyés à la Collective, pendant que 42 nouveaux venaient les remplacer, sans doute pour donner quelque couleur à l'optimisme des rapports officiels. Mais l'année suivante, nouvelle mauvaise volonté de la part des relégués individuels, décidément récalcitrants : 53 d'entre eux durent être réintégrés, et ces pertes étaient loin d'être compensées par les 23 relégués admis cette année à la relégation individuelle.

Ces chiffres sont bien éloquents : ils montrent que

le reclassement du relégué est chose à peu près impossible. Et ce n'est pas seulement à raison de l'hostilité de la population libre que cet échec s'est produit. M. le gouverneur Charvein l'a reconnu et l'an dernier il faisait à la Société des prisons le récit d'un désastre plus lamentable encore: Le long de la voie du chemin de fer qui relie *Saint-Jean* à *Saint-Louis du Maroni* il avait fait planter et répartir entre un certain nombre de relégués bien notés, plusieurs kilomètres de terrains cultivables. Mais « avant les quatre mois que la nature exige pour mener la maturation à bonne fin, la plupart avaient sollicité leur réintégration: il ne restait que 2 ou 3 de ces fantastiques concessionnaires ». Le 31 décembre 1896, sur 2.037 relégués présents à la Guyane, il y avait encore 106 relégués individuels.

A la Nouvelle-Calédonie, la situation n'est guère meilleure bien que les débouchés soient plus nombreux pour le travail des relégués, et qu'ils ne soient pas déprimés par le climat, comme à la Guyane. Ici encore il y a des années où les réintégrations sont plus nombreuses que les admissions et il semble que tôt ou tard tous les relégués admis finissent par rentrer sur les chantiers de l'État, si quelque délit ne les conduit pas d'abord en prison. En 1896 nous avons 75 admissions et le chiffre énorme de 166 réintégrations. Au 31 décembre 1896 il restait 342 relégués individuels sur un total de 3.080.

M. Paul Mimande, qui a étudié les relégués sur place, déclare (1) qu'il n'y a pas encore un seul relégué

____

(1) Paul Mimande. *Criminopolis*, Paris, 1897, p. 297.

individuel qui ait donné des témoignages de relèvement ; et M. Feillet déclarait à la société des prisons, le 17 mars 1897, qu'il en était encore à chercher un seul relégué concessionnaire rural.

Ainsi voilà un premier point bien acquis. La relégation individuelle n'est pas autre chose pour le relégué qu'un moyen de passer quelques mois en dehors des pénitentiers de l'État : mais le résultat fatal, c'est la réintégration au bout d'un temps plus ou moins long. Pas un seul relégué concessionnaire ; quelques-uns, employés comme domestiques par les fonctionnaires ou les commerçants de Nouméa : voilà les résultats des belles théories sur la régénération morale.

Mais peut-être, en étudiant la relégation collective, allons-nous être consolés ? Peut-être allons nous voir les relégués à l'œuvre, exécutant ces grands travaux d'utilité publique dont on avait tant parlé ?

VII

Le 25 janvier 1887, le premier convoi de relégués collectifs arrivait à l'île des Pins, désignée pour servir de dépôt général. Et l'administration fut, paraît-il, fort embarrassée. On lui envoyait des hommes « absolument usés, incapables du moindre effort et détraqués physiologiquement ». Qu'allait-on en faire? Ce qui manque le plus dans nos colonies, dit la première notice (1), ce sont des ouvriers du bâtiment, des for-

(1) *Notice sur la relégation* pour l'année 1887, p. 13

gerons, des charrons, etc. Or, parmi les relégués de l'île des Pins, le docteur Nicomède qui les a étudiés pendant deux ans, déclare que 18 0/0 tout au plus sont en état d'exercer une profession. Et encore cette profession est-elle la plupart du temps inutilisable: ce sont des horlogers, des bijoutiers (1), des cuisiniers, etc. Ou bien ce sont des individus qui ont appris dans les prisons les métiers factices dont nous parlions autrefois; ils savent faire des chaussons, des balais; il y a beaucoup de tailleurs et de cordonniers; mais, dit la notice, « aucun d'entre eux n'est capable de faire un vêtement entier ou une chaussure entière ». — On essaya de les dresser à des travaux agricoles: les résultats furent insignifiants, D'après M. Nicomède, les champs de maïs cultivés ont à peine fourni les semences nécessaires à un nouvel essai. En dehors des malades, un certain nombre de ces individus, absolument incapables de travailler, sont « réunis dans une baraque, où ils passent leur temps à jouer aux cartes, avec une ration supplémentaire de vin et de café! ». Pas un travail vraiment utile et productif, d'après M. Nicomède, n'a été exécuté à l'île des Pins. Et alors que le sous-secrétaire d'État aux colonies affirmait à la Chambre (séance du 11 février 1888) que les ateliers d'habillement de l'île des Pins pouvaient subvenir aux besoins, non seulement de la relégation, mais encore de la transportation toute entière, ces fameux ateliers ne comprenaient qu'un seul tailleur et 12 cordonniers, de telle sorte qu'un

______

(1) Dr Nicomède. *La relégation à l'île des Pins,* p. 52.

certain nombre de relégués manquaient de chaussures et restaient par suite complétement inoccupés.

A la Guyane, les débuts de la relégation furent encore plus désastreux. Internés à Saint-Jean du Maroni, dans un milieu très malsain, où le chiffre des décès atteignit en 1892 28 0/0 de l'effectif total, les relégués ne purent guère être occupés qu'à des travaux d'entretien des bâtiments pénitentiaires, au montage des cases que l'administration expédie de France, toutes prêtes et à des opérations de jardinage insignifiantes. Sur les 616 relégués présents à Saint-Jean le 31 décembre 1887, 22 ouvriers seulement tétaient employés aux ateliers divers (forges, serrurerie, menuiserie). Pour les autres nous trouvons des mentions plus ou moins bizarrés, ne permettant guère de se rendre compte des travaux effectués. Les relégués, dit la Notice, de 1887, ne travaillent en général que pour se procurer du tafia : 58 d'entre eux avaient été un jour engagés pour être employés à la Société forestière : 51 de ces favorisés durent bientôt après entrer à l'hôpital par suite d'excès alcooliques.

La relégation, en 1887, s'annonçait donc comme un échec : la notice elle-même le reconnaît implicitement. La situation ne s'est pas améliorée dans les années suivantes, et la deuxième notice débute par un véritable aveu d'impuissance (1). La plupart des relégués n'ont pu être employés à la Guyane qu'à des travaux de déboisement ou de transport des fardeaux. Un quart d'entre eux, rebelles à toute discipline,

______

(1) *Notice sur la Relégation* pour les années 1888-90, Paris, Imprimerie nationale.

n'ont pu être utilisés, et ont du être dirigés sur un quartier disciplinaire. L'administration ne sait que faire de ces individus, et dans une dépêche au gouverneur de la Guyane du 1er février 1888, le ministre s'étonne du grand nombre de relégués soi-disant occupés à des métiers plus ou moins fantaisistes : écrivains, plantons, perruquiers, infirmiers, renonciateurs aux vivres (?) etc. Et c'est une énumération complaisante dans les notices de travaux peu sérieux : montage de quelques cases, cultures diverses, déboisements, auxquels on semble donner d'abord une importance énorme pour finir par l'aveu du désastre. Ce qui reparaît sans cesse, c'est un chemin de fer de 13 kilomètres devant relier Saint-Jean du Maroni à Saint-Laurent, et qui semble être le travail d'Hercule de la relégation. Mais en dehors de ce chemin de fer, qui après sept ans de travaux est, paraît-il, encore loin d'être terminé, on peut dire que la relégation n'a rien produit à la Guyane. C'est l'impression des voyageurs qui ont été à Saint-Jean (1). Le rapporteur du budget des colonies pour 1898 a dû le confesser.

A la Nouvelle-Calédonie, la situation est à peu près identique. Un certain nombre de relégués de l'île des Pins avaient été mis à la disposition de l'autorité militaire pour effectuer des travaux de fortification ; mais d'après M. Mimande, on ne put rien en faire et il fallut les remplacer par des forçats. D'autres relégués, envoyés à la baie de Prony pour exploiter les vastes forêts de cette région, se livrent, paraît-il, à des occupations absolument insignifiantes. La dernière notice (2)

(1) P. Mimande. *Forçats et proscrits,* p. 144 et suivantes.
2) *Journal officiel* du 26 février 1898.

est bien instructive. Elle confesse que les relégués ne peuvent guère être employés qu'à des travaux d'entretien des établissement pénitentiaires, tout en prétendant qu'à raison de la végétation extraordinaire des climats intertropicaux, ces travaux d'entretien sont assez importants !

Et c'est ainsi que dix années après l'arrivée du premier convoi de récidivistes, les rapports officiels sont obligés de dire que les cinq ou six mille relégués présents dans nos deux colonies n'ont pu faire autre chose dans l'espace d'une année, que construire quelques cases démontables et remplacer quelques poutres pourries !

— Les sections mobiles, cette formule nouvelle de la transportation, sur lesquelles on fondait tant d'espérances, n'ont pas donné des résultats beaucoup plus appréciables, bien qu'elles soient composées des relégués les moins mauvais et les plus vigoureux.

La première section mobile fut installée en 1889 dans un chantier forestier situé sur le Haut-Maroni. Elle fut occupée à des réparations de peu d'importance, et les notices vont jusqu'à énumérer la pose d'un robinet à un tonneau, ou la réparation d'une courroie de transmission (1). En 1896, la valeur des bois travaillés par les 126 relégués de cette section n'était que de 44.196 francs, ce qui est loin de représenter même les dépenses générales d'entretien de ces relégués.

A la Nouvelle-Calédonie, la section mobile fut installée sur le domaine de la Ouaménie, afin de défricher

____

(1) *Notice de 1888-90*, p. 26.

des terres et de construire des cases pour des colons libres. Ce mode d'utilisation de la main d'œuvre pénale était donc conforme aux nouvelles théories. Les relégués de cette section débroussèrent 200 hectares de terres, construisirent 12 petites cases; mais peut-être les rapports officiels ont-ils tort de triompher ici, car, paraît-il, cette œuvre ne put être accomplie que grâce à l'aide des forçats (1). Et les résultats obtenus sont si peu appréciables que le ministre lui-même trouva trop élevée la somme de 138.000 francs dépensée pour la mise en valeur du domaine.

En résumé la relégation individuelle et la relégation collective n'ont rien produit ni du côté du reclassement ni du côté des grands travaux publics. Pas de relégués concessionnaires, aidant à *faire aimer le drapeau de la France*, comme disaient les fanatiques de la régénération morale, pas un seul travail vraiment important; la Nouvelle-Calédonie et la Guyane sont sans routes (2), sans ports; les rues de Nouméa sont « un cloaque ».

Tels sont les résultats de tant de dépenses et du travail de tant de milliers d'hommes, après 40 ans de transportation et de 10 ans de relégation (1).

(1) Paul Mimande, *Criminopolis*. p. 307.

(2) D'après M. Feillet, la Nouvelle-Calédonie n'aurait que 66 kilomètres de routes, *V. Rec. pén.*, avril 1897.

(3) Au budget de 1898, le produit du travail des transportés et des relégués figure pour 600.000 francs. Ce chiffre est plus éloquent que tous les commentaires.

VIII

Lorsqu'il s'est agi d'expliquer l'échec de la transportation des forçats, on a pu accuser les règlements et les hommes qui avaient charge d'appliquer la loi. Rien de tel ne pouvait se produire pour la relégation.

Elle a échoué, comme on l'avait prévu à la Chambre des Députés, d'abord à cause du mélange bizarre et immoral de toutes les catégories de délinquants, du malfaiteur audacieux et du vagabond impuissant. Comment une bonne volonté quelconque pourrait-elle se manifester dans un milieu aussi vicieux? Pour les condamnés aux travaux forcés eux-mêmes, c'est la promiscuité, le plus souvent, qui empêche le relèvement, le mélange des condamnés classés non pas d'après leur perversité véritable, mais d'après leur docilité, j'allais dire leur hypocrisie. Une fois au bagne, dit M. Legrand, tout est bien fini pour le malheureux qui n'est pas encore dénué de bons sentiments. « Il lui faut devenir à l'occasion voleur, impudique, meurtrier même, si les camarades commandent, ou bien gare. La guerre est déclarée, et le récalcitrant, s'il ne tombe pas un jour ou l'autre frappé d'un coup de couteau, ne tarde pas à succomber lentement, victime des mauvais traitements. Un homme qui se relève, dans ces conditions, c'est une véritable merveille de volonté et d'énergie ».

Mais la situation des relégués est pire encore. Comment un malheureux déjà foncièrement perverti, plongé dans ce milieu de vices et d'impuissance physiologique, pourrait-il s'amender? Comment cette réunion d'êtres hypocrites et paresseux, décidés à ne travailler que pour obtenir la ration de vin et de tafia, pourraient-ils produire quelque œuvre vraiment utile? La promiscuité d'éléments si divers ne peut qu'entraîner une épouvantable corruption.

Une loi aussi étrangère à toute justice ne pouvait pas d'ailleurs donner de bons résultats. Confondre dans cette même répression, toutes les classes d'incorrigibles, que nous avons vues si différentes, c'est une disposition qu'il nous est dès maintenant impossible d'admettre. Et il y a là une injustice d'autant plus atroce que par la force des choses, c'est pour le vagabond inerte que dans la colonie la peine devient plus terrible.

N'est-ce pas lui qui, dépourvu de toute qualité professionnelle, physiquement et moralement incapable, voué à l'ivrognerie, est destiné à rester et à mourir relégué collectif, pendant que le grand malfaiteur, plus jeune, plus énergique, plus hypocrite aussi, pourra obtenir des engagements de travail, et ensuite échapper plus ou moins habilement à la surveillance de l'administration pénitentiaire? C'est ce petit délinquant, usé par la débauche, que l'on enverra aux travaux qui n'exigent aucune connaissance spéciale, terrassements, etc., mais qui sont en même temps les plus pénibles et les plus malsains. Ainsi ce caractère d'inégalité de la relégation, que nous avons déjà signalé, s'augmente dans d'énormes proportions si l'on envisage l'application de la loi aux colonies.

C'est peut-être ce qui explique ces innombrables

tentatives d'évasion, commises par des relégués, qui semblent étonner profondément les auteurs des notices officielles. En 1894 à la Guyane, 539 relégués (31 0/0 de l'effectif total, tentent de s'évader. En 1895, ce chiffre s'élève à 672 (37 0/0 de l'effectif). En 1896, il est encore de 467 sur 2.037 relégués. Ces chiffres parlent par eux-mêmes, et la relégation devient, semble-t-il, pour nombre de malheureux, une torture telle qu'ils préfèrent les chances d'une mort misérable dans la forêt vierge.

Mais cette promiscuité entre des éléments très différents n'est pas, croyons-nous, la seule cause du désastre. Les sections mobiles elles-mêmes n'ont pas donné de résultats sérieux, et pourtant, ce sont les hommes les plus jeunes, les plus « amendables », que l'on réunit ainsi. C'est donc que la main d'œuvre reléguée est décidément inutilisable : même en faisant un choix rigoureux, en prenant deux ou trois cents hommes sur cinq ou six mille, il était à peu près impossible d'en tirer parti aux colonies. Combien tous ces chiffres, toutes ces constatations viennent jeter une lumière éclatante sur les conclusions de notre chapitre Ier !

La grande cause de l'échec de la relégation, c'est donc le relégué. Il ne faut pas l'oublier, car on est trop tenté en découvrant les unes après les autres les imperfections de la loi de 1885, d'attribuer cet échec au législateur. Si la loi était parfaite, la relégation aurait échoué quand même, car les vices physiques et moraux des incorrigibles n'en seraient pas modifiés.

Il ne faut pas négliger toutefois une autre catégorie

de causes, d'un ordre plus général, et qui s'attaquent au principe même de la transportation.

Éloigner les récidivistes à plusieurs milliers de lieues de la mère patrie, du gouvernement responsable et de l'opinion qui contrôle, c'était donner naissance à tous les abus. Les gouverneurs de nos colonies le reconnaissent eux-mêmes : les règlements les plus parfaits, dès qu'il s'agit de transportation, ne sont qu'une prose inutile, dénuée de tout effet sérieux. Que peuvent en effet devenir les règlements, lorsqu'une demi-douzaine de surveillants sont envoyés dans la brousse, loin de toute autorité, avec quelques centaines d'êtres décidés à tout? Il s'agit, avant tout, d'empêcher les évasions; dès lors, le relégué le mieux noté, ce n'est pas le plus énergique, c'est le plus hypocrite, celui qui sait se plier en apparence à la discipline. Est-ce que cette préoccupation constante des surveillants peut leur permettre de découvrir la perversité moindre chez un relégué le plus souvent moins docile, de l'aider et de l'encourager? Il ne faut pas demander à un bon sous-officier d'être un grand phsychologue, une créature de charité et de dévouement. Et alors, les natures les moins perverties sont rebutées, rejetées dans la révolte, et dans la paresse invincible qui, paraît-il, est l'arme suprême du relégué.

L'absence de contrôle efficace, telle est donc en définitive la grosse objection que l'on peut faire au principe même de la transportation; elle rend inévitables les erreurs et les injustices. Et c'est cette ignorance des faits qui peut-être explique cette singulière contradiction entre les théories des savants et des congrès, de plus en plus favorables à la transportation,

et les affirmations des hommes de pratique, comme
MM. Feillet et Charvein, qui ont vu de près et qui
savent.

IX

Ainsi, nous arrivons maintenant à mettre en cause
le principe même de la transportation des récidivistes.

L'expérience désastreuse de la relégation n'a pas
été sans influence sur l'évolution des idées dans ces
dernières années. On a du reconnaître que la main
d'œuvre des relégués, c'est-à-dire en somme des
incorrigibles, était détestable, qu'ils étaient incapables
d'accomplir ces grands travaux publics dont on parlait tant, que pour eux le reclassement était une chimère. Et alors, dans cet écroulement du système, une
seule idée reste debout, celle du débarras. La relégation n'a rien produit dans nos colonies; peut-être
même a-t-elle atteint incomplétement cette population
de souteneurs et de malfaiteurs dangereux contre lesquels l'opinion publique la réclamait. Mais il est incon-
testable qu'elle a débarrassé le territoire continental
de 10.000 récidivistes absolument incorrigibles. Oui,
il est vrai, dit M. Dislère (1), les relégués sont des
non-valeurs qui travaillent juste ce qui leur est nécessaire
pour vivre, ou même qui ne travaillent pas du tout
et qu'il faudra néanmoins nourrir. « Mais il est encore
plus avantageux de les entretenir dans ces conditions,

(1) Dislère. *Notes sur l'organisation des colonies,* p. 166.

loin de la France, que de les laisser vagabonder dans le pays ».

A la Société des prisons, c'était bien le principe même de la transportation qui était battu en brèche par les communications désolantes de MM. Feillet et Charvein. Mais M. Le Poittevin insistait sur la nécessité de protéger la métropole contre les récidives des libérés. « Il m'importe peu, disait-il (1), que ces délinquants professionnels soient médiocrement utilisables sur le territoire de la relégation. Sans doute il faut s'efforcer d'en tirer parti... mais l'essentiel, c'est que nuisibles et pratiquement incorrigibles ici, ils ne soient pas nuisibles là-bas ». Il est bien vrai en effet que les récidives sont beaucoup moins nombreuses dans les colonies qu'en France; mais en ce qui concerne les relégués, il y a lieu d'observer que pour la plupart ils sont privés de la liberté: ce qu'il faut considérer ici, ce sont les réintégrations et nous savons combien elles sont nombreuses.

En somme, l'idée qui subsiste aujourd'hui, la raison d'être de la transportation pour M. Le Poittevin, c'est qu'il faut avant tout débarrasser la métropole de ses récidivistes incorrigibles et par suite les envoyer dans les colonies où l'on pourra le plus souvent empêcher de nouveaux délits. C'est donc la conception primitive de la transportation qui reparaît aujourd'hui sur les ruines des systèmes. Et c'est au moment où la transportation fait des progrès sensibles dans l'opinion du monde savant, que l'on est obligé d'abandonner toutes les idées qui jusqu'ici semblaient

(1) *Rev. pén.* 1897, p. 684.

constituer l'essence même de ce système! Plus de colonisation pénale, plus de relèvement, plus d'utilisation des forces perdues : il ne reste qu'une élimination dans le sens étroit du mot. Ce n'est pas celle que nous avons définie et cherchée. Faut-il donc nous résigner à ce mélange de misérables que sans aucune utilité, on envoie continuer aux colonies, sous la garde de l'État, leurs habitudes de paresse, en leur offrant les moyens de se corrompre plus encore? N'est-il pas plus simple, s'il n'y a pas d'autre remède, de garder ces malheureux dans nos prisons? Là s'ils ne travaillent guère, ils coûteront moins cher aux honnêtes gens. Si l'État est obligé de garder ces êtres et de les nourrir, pourquoi ne pas choisir le moyen le plus simple et de beaucoup le moins coûteux ? (1). On va crier à la barbarie. L'emprisonnement serait beaucoup plus rigoureux que la transportation. Celle-ci permet la vie au grand air, tout en donnant aux récidivistes l'espoir du relèvement par les engagements de travail à l'extérieur.

L'argument est spécieux, mais nous le croyons dénué de fondement. Nous verrons bientôt que s'il s'agit seulement de permettre le travail à l'air libre, il n'est pas nécessaire d'installer à grands frais des pénitenciers à plusieurs milliers de lieues de la métropole.

Transporter les récidivistes incorrigibles dans les possessions lointaines, c'est donc entreprendre une

(1) Chaque relégué a coûté à l'État en 1896, 712 francs à la Guyane, 543 francs à la Nouvelle-Calédonie. Ces chiffres, bien supérieurs aux dépenses occasionnées par nos détenus, seraient infiniment plus élevés, d'après la notice de 1896, si l'administration ne se résignait pas, (résignation un peu forcée !) à occuper les détenus à de simples travaux d'entretien.

dépense énorme, qui pourrait être évitée. Et cela, pour un résultat nul ou à peu près nul. C'est rendre la surveillance inefficace, s'exposer à laisser inappliqués lois et règlements, entraver peut-être les progrès des colonies en les inondant d'une population vicieuse et paresseuse.

Est-ce à dire qu'il faille d'une manière absolue condamner la transportation des incorrigibles ? Nous n'irons pas jusque-là. Si parmi les récidivistes il y en a pour lesquels la peine doive se faire particulièrement sévère, et dont on puisse espérer par une discipline rigoureuse un travail sérieux, peut-être faut-il former avec ceux-là ces compagnies de pionniers dont parle M. Léveillé, et qui selon les besoins seraient envoyées sur tel ou tel point de nos colonies : nous aurons à examiner plus tard cette question.

Mais dès maintenant on peut voir qu'il ne s'agit plus là de transportation dans le sens propre du mot. C'est l'idée de travail forcé qui reste seule ; il n'est plus question de rejeter dans nos colonies la masse de nos récidivistes dans un but de peuplement ou même de débarras, mais d'utiliser là où ils pourront-être utilisables une certaine catégorie d'incorrigibles.

Ainsi, tous les systèmes que l'on a essayé de construire depuis cinquante ans, sous le nom de transportation, ne sont que des erreurs dangereuses et coûteuses.

Malgré tous les efforts, nous croyons que la transportation des incorrigibles ne doit pas faire partie d'un système pénal rationnel. Et la preuve, c'est qu'on est obligé de revenir aujourd'hui à cette vieille théorie du débarras, qui n'est pas une solution puisqu'elle supprime le problème au lieu de le résoudre. Réduite à cette idée de débarras, la transportation est une dépense inutile, si l'on peut se débarrasser des incorrigibles sans les transporter et en leur infligeant une peine analogue.

Et si, comme certains savants allemands, on revient aux illusions d'autrefois sur la colonisation pénale, ou sur l'utilisation dans nos colonies de la main d'œuvre des incorrigibles, l'histoire lamentable de la relégation, que nous avons essayé de retracer, donne le démenti de l'expérience à des chimères irréalisables.

SECTION III. — LA MAISON DE TRAVAIL

Si la transportation et l'emprisonnement sont des systèmes d'élimination également défectueux, nous sommes contraints de conserver les incorrigibles sur le territoire de la métropole tout en instituant un système entièrement différend de la prison. Il faut les consacrer à des travaux extérieurs qui pourront être vraiment productifs, comparés aux industries informes de nos prisons. Ces travaux permettront en effet d'utiliser les incorrigibles suivant leurs aptitudes et d'obtenir ainsi, pour un même effort, le maximum de résultat (1).

(1) L'origine sociale des délinquants, d'après M. Tarde, *Philosophie pénale,* p. 504, doit être la base principale de leur classement et des travaux à leur confier. Le véritable moyen d'amendement pour les délinquants corrigibles, c'est de conserver et de fortifier leurs

Seulement, une grosse difficulté se présente ici. Il est indispensable d'éviter tout contact entre l'élément condamné et la population libre. Un pareil mélange serait une école de démoralisation. D'autre part il faut rendre les évasions impossibles. Comment obtenir ces deux résultats? Un premier moyen, c'est d'enfermer les condamnés à l'intérieur d'un établissement dans les intervalles des heures de travail et surtout la nuit, mais ce moyen est encore insuffisant. Il paraît donc nécessaire de fonder un établissement sùffisamment vaste pour que les détenus puissent-être employés aux travaux extérieurs les plus divers dans l'enceinte même de l'établissement, de manière à isoler complétement les incorrigibles. Cet établissement, on lui donne ordinairement le nom de *maison de travail :* il s'agit d'apprécier la valeur de ce système d'élimination.

I

Nous avons vu que dès le dix-septième siècle, on se préoccupait d'enfermer à vie, pour les consacrer à des travaux pénibles, les vagabonds et les mendiants d'habitude (1). C'est en effet contre cette catégorie de paresseux incorrigibles que la maison de travail paraît surtout indispensable. Nous savons que parmi les promoteurs

habitudes de travail. Quant aux incorrigibles cette division du travail ne peut qu'avoir d'excellents résultats au point de vue de sa productivité.

(1) V. ci-dessus, p. 57 et l'ordonnance du 27 août 1612 qui ordonne d'enfermer les mendiants valides en leur imposant 12 à 13 heures de travail par jour.

des projets de loi sur les récidivistes présentés en France
il y a vingt ans; ceux qui considéraient la transportation
comme une peine véritable avec travail obligatoire la
réservaient en général aux incorrigibles dangereux;
contre les petits délinquants d'habitude, la maison
de travail paraissait plus légitime et plus efficace (1).
Depuis cette époque, la création de maisons de travail
pour les délinquants d'habitude n'a pas cessé d'être à
l'ordre du jour. L'école italienne elle-même, entre tant
d'autres mesures, propose contre les incorrigibles des
colonies de travail où les détenus originaires des campagnes seraient occupés à l'agriculture, les détenus originaires des villes, à des travaux industriels, et enfin les
vagabonds neurasthéniques à de menus travaux appro-
priés à leurs forces (2). Au congrès de Saint-Pétersbourg,
l'internement dans un établissement de travail est l'une
des mesures proposées contre les incorrigibles.

La société des prisons a étudié la question à
diverses reprises. En 1887, après une longue discussion,
un projet de loi fut élaboré d'après lequel les vagabonds
récidivistes devaient être internés dans une maison de
travail pour une durée de 2 à 4 ans (3). L'Union internationale du droit pénal ne s'est jamais prononcée directement sur le système des maisons de travail mais dans
les discussions comme dans les résolutions on a souvent laissé entendre que ce système était le plus convenable pour la masse des délinquants d'habitude. Enfin,
le congrès pénitentiaire de 1895 recommande dans une

(1) V. notamment le projet présenté par le conseil supérieur des
prisons. *Rev. pén.* 1878, p. 168 et suivantes.
(2) Ferri, *Sociologie criminelle.*
(3) *Rev. pén.* janvier 1887, p. 10.

de ses résolutions l'internement à longue durée des vagabonds professionnels dans des colonies de travail.

Nous savons que le projet du Code pénal fédéral suisse prévoit pour les incorrigibles (art. 40) l'internement dans un pénitencier spécial pour une durée de 10 à 20 ans. Il a été entendu, dans les travaux de la Commission de révision de l'avant-projet, que dans ce pénitencier les incorrigibles seraient surtout employés à des travaux extérieurs (1). La maison de travail est du reste le système préféré par les savants en Suisse. La maison pénitentiaire pour malfaiteurs dangereux était déjà proposée en 1878 dans une réunion de la *Société suisse pour la réforme pénitentiaire*. Cette société n'a pas cessé de s'occuper de problème et le projet de M. Stooss ne fait que traduire le résultat de ses délibérations. (2)

Mais c'est la Belgique qui a pris surtout l'initiative du mouvement. La loi du 27 novembre 1891 permet aux juges de paix de renvoyer à l'autorité administrative, qui les interne pour une durée de 2 à 7 ans, les individus condamnés pour vagabondage ou mendicité. Cette loi importante organise un véritable système d'élimination pour les petits délinquants d'habitude. En effet, l'article 14 permet d'interner, dans les mêmes conditions, les vagabonds condamnés pour un délit quelconque, par les Tribunaux correctionnels, à moins d'une année d'emprisonnement, et renvoyés par ces Tribunaux à l'autorité administrative. Il s'agit donc en réalité d'une élimination applicable à la masse des petits délinquants

(1) V. *Bulletin de l'U. i. de d. p.*, tome V, page 130.
(2) *Actes de la Soc. suisse pour la réforme pén.*, 17e session (1891). Rapport de M. Correvon..

incorrigibles (1). Le dépôt de mendicité de Merxplas, où sont enfermés les individus internés en vertu de la loi de 1891, est devenu la maison de travail modèle : et c'est en étudiant son organisation que nous pourrons apprécier l'ensemble du système.

Les autres nations se préparent à suivre la même voie. Toutes les mesures d'internement dans une maison de travail que l'on a votées ou que l'on se prépare à voter dans divers pays contre les vagabonds d'habitude peuvent être considérées comme des formes secondaires de l'élimination. Sans doute ces lois ne sont pas expressément restreintes aux délinquants incorrigibles tels que nous les avons définis ; d'autre part elles ne visent qu'une catégorie, très nombreuse il est vrai, d'antisociaux. Mais cet internement à longue durée a pour justification, selon l'expression de M. Lejeune, non pas un besoin de répression ou d'intimidation, mais la « nécessité de combattre un genre de vie contraire aux devoirs sociaux les plus élémentaires. » Tous ces projets de loi, qui conformément à une théorie déjà combattue par nous, font intervenir la détention dans la maison de travail après l'accomplissement de la peine sanctionnatrice prononcée pour le dernier délit, sont donc absolument adéquats à notre définition de l'élimination, et il importe de les signaler.

En France, le projet de la commission de révision

____

(1) Ce caractère d'élimination a du reste été indiqué très nettement dans les travaux préparatoires de la loi. M. Lejeune a même prononcé le mot d'« enfouissement » (Chambre des représentants, Séance du 8 août 1891), V. Ministère de la Justice. *Documents législatifs sur la loi du 27 novembre 1891*, page 75 (Bruxelles, 1892),

du Code pénal (art. 38) prévoit l'internement dans une maison de travail pour une durée de 3 mois à 3 ans, des vagabonds et des mendiants, et pour une durée de 10 ans au plus, des individus que leur état de santé ou leur âge ne permet pas de reléguer. Or il est à remarquer que dans ce projet de Code la relégation n'est applicable qu'à des délinquants condamnés à une peine d'un an de prison au moins (art. 25). Le législateur comtemporain revient donc au système élaboré en 1878 par le Conseil des prisons et établit deux mesures d'élimination : l'une pour les grands délinquants, l'autre pour les petits professionnels.

Dans le même ordre l'idées nous citerons les lois déjà votées ou prêtes à être votées en Suède (1), en Norvège (2), en Hollande (3), en Autriche (4), en Allemagne (5), en Suisse (6), etc.

L'organisation des maisons de travail pourra du reste s'inspirer des tentatives déjà faites depuis longtemps dans le but d'occuper les détenus à des travaux extérieurs.

En France, nous avons déjà signalé l'institution des

---

(1) Loi du 12 juin 1885, qui ordonne contre les vagabonds récidivistes le travail forcé dans une station centrale de travail pour une durée de 3 ans au plus.

(2) Loi du 6 juin 1863. Un projet de loi récent élève le maximum de la durée de l'internement à 6 ans.

(3) Code pénal de 1885.

(4) Loi du 24 mai 1885. Le maximum est de 3 ans.

(5) Code pénal de l'empire allemand, art. 361. Le maximum de l'internement, qui est de 2 ans, est jugé absolument insuffisant par les pénalistes allemands, V. *Rev. pén.* janvier 1896, p. 51.

(6) Voir par exemple, la loi du canton de Berne du 11 juin 1884. Des lois analogues ont été votées dans les autres cantons. Le maximum est en général de deux ans (trois ans dans le canton de Vaud), c'est donc à peine si l'on peut parler ici d'élimination.

pénitenciers agricoles destinés surtout à des condamnés militaires ou d'origine arabe. Le plus important de ces pénitenciers, fondé à Berrouaghia (Algérie) en 1879, paraît avoir donné d'excellents résultats. Un vaste territoire de 878 hectares, inculte au début, a été entièrement défriché par la main d'œuvre pénale ; il comprend surtout des vignes (250 hectares). Les détenus sont occupés non seulement aux services agricoles, mais aussi aux travaux de tout genre qu'exige l'entretien d'un domaine aussi considérable ; il y a des menuisiers des forgerons, des bourreliers, etc. Le produit net du travail est beaucoup plus élevé que dans nos maisons centrales (4). Les pénitenciers agricoles de la Corse n'ont pas donné jusqu'ici d'aussi bons résultats ; mais il est permis d'attribuer cet échec à des causes d'ordre particulier. L'un de ces pénitenciers a dû être abandonné en 1886, à raison de circonstances sanitaires défavorables. Un autre est établi sur un terrain trop accidenté. Enfin le plus important, celui de Chiavari, qui comprend 2.300 hectares, consiste presque exclusivement en bois et maquis. Ces trois pénitenciers ont le caractère d'exploitations agricoles plutôt que celui de maisons de travail organisées dans un but répressif : la discipline y est insuffisante et l'ignorance de la langue française par les détenus arabes rend la direction du travail très difficile (2).

---

(1) Le produit net du travail a été en 1895, de 136.000 francs, soit 410 francs par détenu, (calculs faits d'après les statistiques du ministère de l'intérieur). Le même calcul fait pour nos maisons centrales nous a donné une moyenne de 337 francs.

(2) Le produit très inférieur du travail dans ces pénitenciers (153 fr. par détenu en 1895) comparé avec le chiffre que nous avons donné pour Berrouaghia, montre bien que cet échec est étranger au principe même des maisons de travail ou des travaux extérieurs.

En France même, plusieurs tentatives ont été faites pour occuper les détenus à des travaux extérieurs plus productifs et plus moralisateurs que les industries des prisons. Dès 1855, M. Bérenger proposait d'employer les réclusionnaires du Mont Saint-Michel à construire une digue pour dessécher 18.000 hectares de terre fertiles. Combien de vastes territoires, dans le sud-ouest de la France par exemple, pourraient être défrichés par les prisonniers !

C'est ainsi que la maison de travail avec toutes ses catégories d'occupations industrielles et agricoles, apparaît comme la mesure désirée par les législateurs, pour imposer des habitudes laborieuses aux paresseux incorrigibles. Elle paraît être d'installation facile même dans les pays à population assez dense ; enfin elle laisse entrevoir des résultats très productifs.

Comment dès lors pourrait-on organiser la maison de travail destinée aux incorrigibles ? Les expériences faites jusqu'ici nous donneront peut-être quelques enseignements, en même temps qu'elles nous permettront d'apprécier la valeur du système.

II

Les maisons de travail des cantons suisses contiennent des éléments trop divers, pour qu'aucune conclusion décisive puisse en être tirée relativement aux incorrigibles. Elles semblent avoir donné des résultats satisfaisants. Ainsi la maison du Devens (Neufchâtel) comprend un domaine de 65 hectares qui ont été entièrement défrichés par la main d'œuvre pénale. La dépense moyenne pour chaque interné était en 1885 de 413 francs. Dans le canton de Vaud, la colonie de Payerne s'est créée presque avec la seule ressource de la main d'œuvre des internés. Ils ont construit les bâtiments, creusé un canal, tracé des routes plantées d'arbres. 45 hectares de terres, mis en culture, ont acquis une grande valeur.

En Hollande, la colonie de Weenhuysen, où sont internés des vagabonds et des mendiants de toute catégorie et même ceux qui viennent d'eux-mêmes demander leur internement, ne peut, en raison de cette circonstance, nous donner un exemple utile. On pourrait cependant emprunter à cet établissement pour notre maison de travail d'incorrigibles, plusieurs règles importantes. Les internés, conformément aux nouveaux principes, sont occupés suivant leurs aptitudes ou leur profession antérieure. D'après M. Georges Berry, l'organisation du travail est absolument remarquable. Les internés reçoivent chaque jour une part de leur salaire qu'il leur est loisible de dépenser dans les cabarets de la colonie (où l'on ne débite pas d'alcools). Cette mesure suffit, paraît-il, à enrayer les évasions et permet de laisser aux internés une liberté relative. C'est ainsi qu'un domaine de 2.000 hectares, composé de 7 fermes, est exclusivement cultivé par la main d'œuvre pénale. Tous les produits de la colonie sont consommés par elle, de telle sorte qu'elle ne fait aucune concurrence à l'industrie libre. Enfin la colonie ne reçoit aucune subvention : elle se suffit à elle-même. Seulement le reclassement reste ici encore une chimère. D'après M. Van

Hamel, la plupart des internés qui sortent de la colonie y reviennent régulièrement.

Les maisons de travail instituées en Allemagne en vertu de l'art. 361 du Code pénal ne peuvent guère non plus nous fournir un modèle. Elles sont destinées le plus souvent à l'assistance aussi bien qu'à la répression. Il est donc impossible d'y introduire la discipline rigoureuse nécessaire pour des incorrigibles. C'est ainsi que dans la maison de Rebdorf (Bavière), les détenus sont occupés à des travaux de cartonnage et à la fabrication des étuis à lunettes. On demande en général qu'un certain nombre de ces maisons de travail soient destinées à recevoir exclusivement des vagabonds incorrigibles et que l'administration ait la faculté de prolonger leur internement (1).

C'est la loi belge de 1891 qui va nous permettre d'étudier une maison de travail destinée non peut être exclusivement à des incorrigibles, mais tout au moins à des vagabonds d'habitude.

III

Le dépôt de mendicité de Merxplas est établi dans un vaste territoire à peu près désert situé près de la fron-

(1) Von Hippel. *Die strafrechtliche Bekaempfung von Bettel, Landstreicherei und Arbeitschen*. Berlin, 1895. D'après cet auteur le reclassement ne serait obtenu, actuellement, que pour 1/10 des internés.

tière hollandaise. Il est destiné uniquement aux hommes (1).

Le principe de la maison, c'est le travail obligatoire. Tout détenu qui refuse le travail est mis en cellule, au pain et à l'eau. Cette sévérité a produit d'excellents résultats. Pour légitimer cette mesure, des travaux moins pénibles, dits de simple occupation, sont offerts aux détenus, moins vigoureux ou plus âgés. Quant aux autres, ils sont répartis entre les travaux industriels et agricoles de toute sorte qu'exige l'entretien d'un domaine de 1.000 hectares. En 1894 la répartition du travail était la suivante :

Travaux de simple occupation, 1.341 internés.

Travaux industriels, 711 internés

Travaux agricoles, 1.961 internés.

D'après l'arrêté royal du 8 février 1894, tout interné qui connaît suffisamment un métier se rapportant à un genre d'industrie exercé dans l'établissement est employé aux travaux de ce métier. Nous avons déjà signalé la nécessité de cette mesure au double point de vue de la productivité du travail et du reclassement.

Pour éviter la contagion, les internés sont divisés en plusieurs sections. Les immoraux, et surtout les souteneurs, que la loi de 1891 atteint beaucoup plus efficacement que notre loi de 1885, sont entièrement séparés des autres détenus, et soumis la nuit à l'isolement individuel. Les mineurs (isolés aussi la nuit) les invalides capables

---

(1) Les femmes condamnées en vertu de la loi de 1891 sont internées à Bruges dans une maison spéciale et occupées à des travaux intérieurs comme nos reléguées. De ce côté le problème de l'élimination n'offre donc guère qu'une solution possible.

d'un certain travail (2), enfin les condamnés destinés à
la libération conditionnelle, forment trois autres sections.
La masse des détenus est partagée entre deux sections
comprenant la première des détenus devant subir plus
de trois ans d'internement, et la seconde, les autres
détenus.

Cette organisation a produit, paraît-il, des résultats
très favorables. Le domaine de Merxplas comprenant
près de mille hectares de terres autrefois incultes a été
mis en valeur. Des travaux considérables ont été exécutés. L'établissement ne reçoit aucune subvention de
de l'État. Il reçoit seulement des communes une subvention journalière de 0 fr. 66 par interné valide, ce qui
pour une moyenne de 4.000 internés représente une
somme de 950.000 francs environ. Avec cette somme,
jointe au produit du travail des détenus, l'administration doit pourvoir à toutes les dépenses de l'établissement, y compris même le traitement des fonctionnaires.
Or, d'après M. Dupuis, directeur de Merxplas, l'établissement réaliserait annuellement une économie de
200.000 francs destinée à payer des constructions ou à
constituer un fonds de roulement. Ces résultats sont
vraiment merveilleux si on les compare aux nombreux
millions dépensés sans utilité dans l'œuvre de la relégation.

La loi de 1891 a été réellement amené une diminution
du vagabondage en Belgique, comme le prétend le pre-

(2) Merxplas, à la différence de nos dépôts de mendicité, est exclusivement un établissement de répression.

mier rapport officiel publié l'an dernier (1)? Il est difficile de se prononcer sur ce point : la durée des détentions étant devenue infiniment plus longue, il est tout naturel que du moins dans les premières années, le nombre des condamnations pour vagabondage diminue d'une façon progressive: il y a donc là un fait qui ne prouve rien.

Ce qui est certain, c'est qu'il ne faut pas compter sur le reclassement pour la masse des vagabonds. M. Lejeune a été obligé de reconnaître l'immoralité profonde, incurable, qui règne à Merxplas malgré la division en sections entièrement séparées et l'isolement de nuit des mineurs et des immoraux. Cette constatation, répétée par M. Rivière, fit naguère un certain bruit à la Société des prisons ; mais est-ce une raison pour affirmer que cet établissement est « la plus triste utopie pénitentiaire du siècle »? (2). Que dira-t-on de la relégation ?

Ce qui est nécessaire, dans une maison de travail pour incorrigibles, c'est de séparer les détenus suivant leurs origines sociales, et d'éviter par exemple tout contact entre le vagabond des campagnes et le souteneur. Mais il y a là une grosse difficulté à vaincre. Comment combiner cette classification avec la nécessité de confier à chaque détenu le métier qu'il connaît, et de réunir ensemble les détenus exerçant la même industrie ? D'autre part on ne peut imposer aux internés un

(1) Nombre des entrées à Merxplas :

ANNÉES	Vagabonds et mendiants	Individus différents
1892................	12.232	8.723
1894................	8.752	7.574
1896................	7.093	6.162

2) *Rec. pén.*, février 1893, p. 136.

régime **disciplinaire** plus sévère que celui des condamnés à l'emprisonnement. Ce serait provoquer les vagabonds à commettre de plus graves infractions, pour obtenir une répression moins sévère et moins longue.

Il y a donc, dans l'institution des maisons de travail, un vice fondamental provenant en grande partie du mélange des diverses catégories d'incorrigibles. Mais ce n'est peut-être pas le plus grave inconvénient du système.

IV

Nous avons répété bien souvent que l'immense majorité des incorrigibles est inapte à l'exercice d'un métier quelconque. Les statistiques de Merxplas viennent confirmer ce fait d'une manière éclatante. D'après M. Lejeune, sur les 5.000 internés, 800 à peine soit 15 0/0 ont quelques connaissances professionnelles. Pour les autres, le temps de l'éducation professionnelle est passé. Comment dès lors, peut-on espérer de cette masse de paresseux incapables des travaux agricoles sérieux ? Cela est d'autant plus chimérique, que toujours d'après M. Lejeune 5 0/0 à peine des internés sont de réelle provenance rurale. Essayer de transformer en agriculteurs la lie de la population urbaine, n'est-ce pas une chimère aussi grande que celle de la colonisation pénale par les incorrigibles ?

Et voilà pourquoi une grande partie des internés de Merxplas sont employés à des travaux dits de simple occupation qui sont une oisiveté déguisée, et qui sans donner de résultats appréciables sont impuissants à rendre au vagabond le goût du travail. L'arrêté royal du 8 février 1894 (art. 5), énumère ces occupations fantaisistes : le filage des poils de vache, la confection de fagots, de nattes en fibres de coco, de chaussons, etc., etc. Et pourtant le dépôt de Merxplas ne renferme que des individus capables de travailler. Que l'on soit obligé dans une maison de travail aussi bien organisée, de laisser 50 0/0 des internés dans une oisiveté déguisée, cela donne déjà des doutes sur la valeur du système.

Mais il y a plus. Les travaux agricoles qui sont la raison d'être des maisons de travail, présentent au point de vue répressif de graves défauts. D'abord ils sont intermittents ; souvent même ils exigent certaines circonstances de température. Que fera-t-on des internés lorsque ces travaux seront impossibles, l'hiver par exemple ? Les abandonnera-t-on dans l'oisiveté la plus complète, comme nos relégués de la Guyane les jours de pluie ? Les emploiera-t-on aux prétendus travaux de simple occupation ? Si l'on consulte une statistique que nous avons déjà citée (p. 155), on verra que pendant la mauvaise saison sur les 4 à 5.000 internés de Merxplas, 700 à peine doivent être sérieusement entraînés au travail.

A ce point de vue déjà, le travail agricole est donc impuissant à justifier le mot même de la maison de travail. Mais ces travaux sont-ils tels que même pendant la bonne saison, ils puissent occuper sur un domaine étendu des milliers ou même des centaines de détenus ? Évidemment non. Ces travaux impliquent pour le travailleur une certaine liberté d'allures. Ils excluent une surveillance constante et directe, car il faudrait un gardien pour chaque interné. Enfin le contrôle est à peu près impossible : dans une prison il est facile de voir si un détenu a bien travaillé : il suffit d'additionner le nombre des sacs en papier, des chaussons, etc., fabriqués par lui ; dès qu'il s'agit de travail agricole, c'est seulement par la surveillance du gardien que l'on pourra se rendre compte de l'activité de l'interné. Si l'on songe à quel personnel de paresseux hypocrites nous avons affaire, comment ne pas conclure que la maison de travail sera souvent une école de paresse et d'hypocrisie plus grandes ?

Ces vices de la maison de travail deviennent beaucoup plus considérables encore, si l'on songe, comme dans le projet suisse, à l'appliquer non seulement aux vagabonds mais aussi aux autres catégories d'incorrigibles. La maison de travail sera pour eux une répression beaucoup trop douce et ne pourra jamais leur rendre des habitudes de travail : c'est cette tourbe de petits professionnels de nos grandes villes qui déshabitués de tout travail devront être occupés à casser des noix ou à filer des poils de vache.

Les inconvénients que nous venons de signaler n'existent pas lorsque la maison de travail n'est pas encore en pleine exploitation. Il y a une période de création pendant laquelle les détenus peuvent être occupés à construire des bâtiments, des hangars, à faire des terrassements, des chemins d'exploitation, à déboiser ou à débrousser les terrains. Certains de ces travaux, sans exiger de connaissances spéciales, sont vraiment pénibles. Mais du jour où ces premières opérations sont terminées, du jour où le domaine peut être livré à une exploitation normale, l'immense majorité des détenus reste inoccupée faute d'ouvrage ou faute de connaissances professionnelles. Et quant aux autres, la répression devient insuffisante si, comme nous le supposons, on applique ce système à de véritables incorrigibles.

Dès lors ces incorrigibles restent voués à la paresse et à la corruption comme dans nos prisons communes elles-mêmes. Et voilà peut-être l'explication de l'immoralité si grande qui règne, parait-il, à Merxplas, malgré l'isolement des mineurs et des immoraux.

La solution du problème nous échappe encore une fois.

V

Pour éviter les inconvénients de la maison de travail telle que nous venons de la décrire, bien des systèmes ont été proposés.

L'idée la plus simple, c'est d'employer les détenus, dans le voisinage de l'établissement, à des travaux d'utilité publique, de telle sorte que chaque soir ils puissent être réintégrés dans la maison (1). C'est ainsi qu'à plusieurs reprises des détenus de nos maisons centrales ont été employés à divers travaux hors de la prison (2). Ces expériences partielles semblent avoir réussi: d'après

(1) V. Leitmayer dans *Actes du Congrès de Saint-Pétersbourg*, tome 3, p. 247.

(2) V. dans *Rev. pén.*, (mai 1894. Rapport de M. Vanier) l'énumération de ces essais. — Nous avons déjà effleuré cette question des travaux extérieurs. V. p. 145 et suiv.

plusieurs directeurs des prisons, il est assez facile d'empêcher les évasions et de maintenir la discipline.

Ces travaux présentent des avantages considérables sur le système des maisons de travail considérées comme exploitations industrielles et agricoles. Ils sont beaucoup plus pénibles, et ils permettraient d'imposer un travail utile à beaucoup d'incorrigibles que la maison de travail laisse dans l'oisiveté comme nous l'avons vu. Les métiers de manœuvre, terrassier, etc., n'exigent pas un apprentissage difficile. D'autre part ils sont de ceux qui dans la vie libre peuvent être exercés sans que l'on s'inquiète beaucoup des antécédents de l'ouvrier: on ne demande pas son casier judiciaire à un manœuvre qu'on embauche au jour le jour. Il y a là une chance de reclassement qui n'est pas à dédaigner, bien que le reclassement soit ici presque impossible.

Enfin ces travaux permettent d'entreprendre des œuvres d'utilité publique et permanente, de défricher des terres incultes appartenant à l'État ou même aux particuliers, etc.

Mais il est indispensable pour cela que la maison de travail soit établie dans un territoire encore peu habité et peu cultivé, où de grands travaux, assez longs, puissent être entrepris ; car il importe d'éviter tout contact entre les détenus et la population libre. Cette condition est bien difficile à réaliser dans les pays très peuplés comme les nations de l'Europe occidentale. Il faudrait permettre de constituer des sections mobiles et de les transporter à des distances assez grandes, où le besoin de la main d'œuvre, dans des travaux pénibles et assez faciles, serait ressenti. Ce système a été expérimenté en Autriche, depuis une douzaine d'années : il a donné d'excellents résultats (1). Le travail le plus intéressant accompli par les détenus a été le redressement de la Drave, exécuté par 180 prisonniers pendant l'hiver très froid de 1892-93. Depuis, le système s'est généralisé : les détenus sont logés dans des baraquements transportables que l'on déplace à mesure que les travaux avancent. En Corse M. Laguesse a expérimenté le même système. Pour construire la ferme de Graticella, il fit établir un camp composé de 80 hommes : pendant dix-huit mois les travailleurs couchèrent sous la tente ; cet essai réussit parfaitement. D'autres expériences ont été faites en Algérie et en Tunisie. Un décret du 2 avril 1897, règlemente même l'emploi des condamnés sur les chantiers extérieurs en Algérie : cet emploi devra se généraliser bientôt, car déjà les détenus de Berrouaghia ne trouvent plus sur le domaine des occupations suffisantes.

M. Acollas (2) propose de créer sur les Hauts Plateaux de l'Algérie quelques colonies centrales d'où les détenus organisés en détachements seraient envoyés sur divers points, pour exécuter des travaux publics. C'est un système analogue à celui que préconise M. Léveillé ; seulement il n'est plus question d'envoyer ces sections mobiles, à grands frais, dans des colonies lointaines où elles ne feraient rien d'utile. Ce système permet d'éviter tout contact entre les détenus et la population libre ; c'est une sorte de transportation à l'intérieur, ne présentant pas les inconvénients de la transportation coloniale et évitant

(1) V. *Actes du Congrès de Saint-Pétersbourg,* tome 5. — *Revue pénitentiaire* janvier 1887.
(2) *Revue Bleue* des 23 mai et 13 juin 1891.

les abus de la maison de travail. Assurément il importe
de ne pas attendre de la main d'œuvre des incorrigibles, ainsi employée, des résultats extraordinaires.
Nous ne prétendrons pas, comme M. Leitmayer, que
« les détenus employés dans les travaux extérieurs
fournissent plus de travail que les ouvriers ordinaires ».
Mais d'après des statistiques faites en Angleterre, où
les travaux extérieurs ont été expérimentés dans de
grandes proportions, on a reconnu que le travail
d'un convict valait en moyenne 40 0/0 du travail d'un
ouvrier libre(1). Malgré cette infériorité réelle de la main
d'œuvre pénale on sait quels travaux gigantesques ont
été exécutés en Angleterre par les condamnés de la
servitude pénale. Ce sont, à Chatham, à Portland, à
Portsmouth, etc., des bassins, des digues (celle de
Portland a 2 kilomètres) des docks, des quais, etc.

Tels sont les résultats des expériences entreprises
un peu partout pour utiliser la main d'œuvre pénale
dans des travaux d'utilité publique. Le même système
peut-il être adopté pour les incorrigibles ?

V

Il importe d'abord de signaler que dans toutes les
expériences que nous venons d'énumérer, il s'agit non
pas de délinquants d'habitude, mais de détenus pris
au hasard ou même choisis. En Autriche, on a pris
des détenus qui avaient déjà fait une grande partie de

______

(1) *Rev. pén.*, février 1896.

leur peine et qui étaient proposés pour la libération conditionnelle. En Angleterre les grands travaux ont été exécutés par les convicts, c'est-à-dire par une population de condamnés qui ne comprend que de grands délinquants, moins mêlés de récidivistes, le plus souvent jeunes et vigoureux. On peut ainsi s'expliquer le succès de ces expériences.

Mais croire que l'on obtiendra des résultats semblables en employant les incorrigibles, c'est encore, malheureusement, une illusion que nous devons détruire. Qu'on ne l'oublie pas, on a affaire à des êtres dont les forces physiques et l'énergie morale sont le plus souvent brisées, à des paresseux que l'attrait même d'un salaire important ne réussit pas toujours à tirer de leur inertie. L'internement, dit M. Stockmar (1), affaiblit encore ces individus en leur enlevant le stimulant de l'alcool, en les arrachant à leurs habitudes. D'ailleurs les résultats lamentables de nos dépôts de mendicité suffisent à édifier sur l'énergie productrice qu'on peut attendre des petits délinquants professionnels. En 1886 sur les 5.380 détenus de nos dépôts, 2.866 en moyenne ont pris part aux travaux : le produit brut de ces travaux est évalué à 178.000 francs, soit 62 francs par tête et par an. En 1892 dans le dépôt de mendicité de Nancy, une vingtaine d'internés en moyenne prenaient part au travail : ce travail dans l'espace de 4 mois a rapporté à l'établissement 99 fr.60. Voilà ce qu'avait produit, en 4 mois, l'énergie de dix-sept hommes ! (2)

<hr>

(1) *Actes du Congrès de Saint-Pétersbourg*, tome 5, p. 637.
(2) Jules de Crisenoy, *Annales des Assemblées départementales* 1892, p. 337.

Nous pourrions multiplier ces lamentables exemples, mais il est permis de penser, dès maintenant, que faire accomplir de grands travaux publics par nos mendiants ou nos vagabonds professionnels, constituerait une bien mauvaise spéculation, aussi coûteuse peut-être que la transportation coloniale (1). Et d'ailleurs, contre beaucoup de ces malheureux, n'y aurait-il pas là une répression trop rigoureuse, qui, sans les amender ni les reclasser, leur infligerait une peine analogue à celle des plus grands crimes ?

Il y a toute une catégorie d'incorrigibles contre lesquels un pareil système ne peut se comprendre. Ce sont ces délinquants de mœurs, ces buveurs d'habitude, et, en général, tous les récidivistes chez lesquels l'incorrigibilité dérive de tares physiologiques. Ces délinquants, notre loi sur la relégation n'a pas osé les atteindre, en grande partie (2). Comme la transportation, les travaux publics seraient à leur égard une mesure trop sévère, et, quelquefois un véritable non sens ; car il ne s'agit pas ici de combattre la paresse et le vice, mais de guérir, s'il est possible, une sorte de maladie, et en tous cas d'empêcher les récidives pendant une période d'internement que l'on fixera d'après la « nocuité » de ces délinquants.

Ainsi la maison de travail, qu'elle soit considérée comme une exploitation agricole, ou comme un dépôt

----

(1) Cette idée a été cependant encore émise dans ces dernières années. V. un rapport de M. Deschanel au Conseil général d'Eure-et-Loir. *Crisenoy, op. cit.* 1895, page 234.

(2) Le délit de coups et blessures, qui figurait, comme susceptible d'entraîner la relégation, dans les projets de loi primitifs, a été écarté après discussion.

central d'où partiraient des sections mobiles de travailleurs, paraît impuissante à répondre d'une manière
suffisante aux divers buts de l'élimination. Comme la
transportation, elle constitue un système trop absolu,
bon, peut-être, pour certains incorrigibles, détestable,
si on veut l'appliquer à la masse.

Et c'est encore une fois la même solution qui s'impose : seule, une peine d'élimination appropriée pour
chaque classe d'incorrigibles peut résoudre le problème
du régime de la peine.

CHAPITRE IV

DURÉE DE L'ÉLIMINATION. LA SENTENCE INDÉTERMINÉE.
SYSTÈME DE M. VAN HAMEL

On peut proposer contre les incorrigibles une élimination perpétuelle ou une élimination temporaire. Dans les deux cas la sentence du juge détermine d'avance la durée de la peine. — Les inconvénients de ces deux systèmes ont fait proposer une élimination dont la durée serait fixée seulement après la sentence : c'est le système de la sentence indéterminée.

I

L'élimination perpétuelle, nous l'avons vu proposée soit par certains partisans des doctrines anthropologiques, qui voyaient là une conséquence inévitable de la théorie du criminel-né, soit même par des savants étrangers aux idées de Lombroso. Les théoriciens de la transportation admettent en général que les résultats attendus au point de vue de la régénération morale ou de la colo-

nisation ne peuvent être atteints que par une peine perpétuelle. C'est seulement, disent-ils, si l'esprit de retour
est entièrement détruit chez le récidiviste, qu'il songera
à se créer là-bas une vie nouvelle (1). Mais ce que l'on
veut rendre perpétuel et irrévocable, c'est seulement le
séjour du condamné dans la colonie; or ce n'est là
qu'une partie de la peine. Personne n'a songé à imposer
à perpétuité aux récidivistes les travaux publics sur les
chantiers de l'État, qui dans tous les systèmes de
transportation, constituent au moins une première
phase de la peine. D'un autre côté, tous ces systèmes sont construits en vue tout au moins d'un reclassement relatif dans la société coloniale. On peut
donc soutenir que transportation perpétuelle n'implique pas à tous points de vue élimination perpétuelle.

Les objections se dressent du reste très nombreuses
contre le système de l'élimination à perpétuité. Nous
avons essayé de démontrer que la recherche du critérium de l'incorrigibilité était une chimère. Malgré les
enquêtes et les renseignements dont serait entourée la
décision du tribunal spécial, des erreurs seront toujours
à craindre, soit que l'on refuse de prononcer l'élimination contre un véritable incorrigible, soit que l'on
déclare incorrigible un récidiviste encore amendable.
Dès lors, ne faut-il pas laisser une porte ouverte au

______

(1) A ce point de vue, on a souvent critiqué la disposition de la
loi du 27 mai 1885, qui permet au récidiviste, après six années de
séjour dans la colonie, de demander aux tribunaux à être relevé de la
relégation. Cette disposition empêche la transportation d'avoir un
résultat utile précisément pour les récidivistes qui s'amendent un
peu et qui pourraient se refaire une vie utile dans la colonie.

reclassement? Si de pareilles erreurs sont possibles, il ne peut être question d'infliger aux incorrigibles une peine définitive. La libération conditionnelle elle-même serait ici un remède insuffisant, car si l'on n'est pas en présence d'un incorrigible, pourquoi le laisser pendant toute sa vie sous la menace d'une nouvelle arrestation ?

Un autre motif, qui doit faire écarter sans hésitation l'élimination perpétuelle, c'est qu'elle n'a plus de raison d'être lorsque le tempérament criminel du récidiviste a disparu avec l'âge. A partir d'un certain âge, la criminalité professionnelle s'efface. D'après des statistiques communiquées au Congrès de Genève, les délits contre les personnes (souvent des délits de mœurs) constitueraient à partir de l'âge moyen de 60 ans la presque totalité de la délinquance sénile. Il est bien certain qu'ici encore la libération conditionnelle sera souvent une précaution inutile. On fait cependant une objection : c'est, dit-on, au moment où le vieillard devient incapable de gagner sa vie que vous le rejetez dans la société : n'est-ce pas inhumain ?

On peut répondre qu'on ne laissera pas aller le récidiviste devenu impuissant sans se préoccuper de son avenir. Les uns devront être dirigés sur des maisons spéciales ayant un caractère d'assistance plutôt que de répression. D'autres, pourvus d'un pécule ou aidés par une Société de patronage, pourront être laissés libres. D'autres enfin, jugés incorrigibles malgré leur âge, pourront être gardés ou libérés conditionnellement.

Mais la raison dominante, qui selon nous doit faire rejeter l'élimination perpétuelle, c'est qu'elle ne peut pas s'adapter à toutes les catégories d'incorrigibles. Une peine perpétuelle, même tempérée par la libération conditionnelle, sera toujours considérée par l'opinion, à l'égard de certains délinquants, comme une véritable monstruosité. Déjà, nous l'avons vu, il a été impossible d'appliquer la relégation à des criminels qui, peut-être, constituent les véritables incorrigibles dans le sens anthropologique. Le projet du *Code pénal français*, en exigeant pour le dernier délit une peine égale ou supérieure à un an de prison, laisse échapper aussi beaucoup de petits délinquants. Il est même moins rigoureux que la loi de 1885, car d'après cette loi on peut être relégué avec une carrière criminelle de 12 mois et 4 jours de prison (art. 4, § 3) par exemple; tandis que le projet de la Commission de révision (art. 25) exige comme premier terme de la relégation 5 ans de prison, ce qui au total donne une carrière d'au moins 6 ans de détention. Mais la peine perpétuelle serait bien plus épouvantable encore pour les petits délinquants s'il s'agissait, non plus de les transporter, mais de les interner dans une maison de travail ou dans une prison. Puisqu'il est démontré que ces individus sont cantonnés dans des délits causant un préjudice social minime, l'élimination ne peut être qu'une détention assez longue destinée à leur rendre s'il est possible quelques habitudes laborieuses ou tout au moins à les rendre utiles à la société pendant qu'ils sont encore capables de travailler. Enfouir à vie un misérable sous prétexte d'empêcher quelques délits de mendicité ou de vagabondage serait pousser la logique jusqu'à l'absurde : « on ne tire pas le canon contre les mouches ».

Il est à remarquer d'ailleurs que si le régime de l'élimination est bien organisé, une détention prolongée aura pour résultat non pas le redressement de tares physiologiques ou morales ineffaçables, mais tout au moins des habitudes prises, qui avec un système de surveillance et de patronage, pourront empêcher souvent les récidives. En résumé, à quelque point de vue que l'on se place, la peine perpétuelle, même avec la libération conditionnelle, ne peut constituer contre aucun incorrigible la véritable peine d'élimination; contre les uns, elle serait absurde de sévérité; pour les autres elle provoquerait des erreurs irréparables.

II

La peine d'élimination à durée temporaire peut se concevoir sous plusieurs formes.

La loi peut fixer la peine d'une manière précise, sans laisser au juge aucun pouvoir d'appréciation; ce serait un système analogue à celui des peines fixes de la période révolutionnaire. L'élimination étant une mesure qui repose uniquement sur la considération de la nature des délinquants, il serait évidemment singulier de revenir ici à un système abandonné depuis longtemps par les Codes modernes, et de fixer une peine d'une durée uniforme pour tous les incorrigibles, ou même pour chaque catégorie d'incorrigibles. Cette peine trop dure pour les uns, trop douce pour d'autres, serait mauvaise pour tous. Aussi ce système n'a jamais été proposé.

Mais la loi peut aussi, conformément aux théories pénales classiques, établir pour tous les incorrigibles ou pour chaque catégorie d'incorrigibles un maximum et un minimum, entre lesquels la décision du tribunal pourrait se mouvoir. Et comme le maximum légal devrait toujours être très élevé, puisqu'il s'agit d'incorrigibles, on peut concevoir aussi que la loi reste entièrement muette sur la durée de la peine, et laisse au juge le soin de la fixer avec une absolue liberté d'appréciation. Ce dernier procédé laisserait aux tribunaux un pouvoir considérable, mais s'adapterait très bien à l'organisation de la Cour spéciale dont nous avons parlé, et aux garanties nombreuses dont nous avons entouré la procédure de l'élimination (1).

Ces systèmes auraient le grand avantage de permettre au juge d'établir pour chaque incorrigible une peine différente dans sa durée, d'après les conditions individuelles des délinquants; la décision serait prononcée en toute connaissance de cause, sans risque de commettre une injustice ou de sacrifier les intérêts de la société. Le juge pourrait ainsi combiner à son gré le régime et la durée de l'élimination de manière à rendre à la Société un membre inoffensif, sinon amendé. Que pourrait-on exiger de plus parfait? N'est-ce pas appliquer jusqu'à ses conséquences extrêmes le principe de l'individualisation de la peine?

Cependant tous ces systèmes, et même le dernier, qui laisse au juge un pouvoir absolu, sont très défectueux.

---

(1) En allant encore plus loin dans cette voie, on pourrait même donner au juge — la loi restant toujours muette sur la durée de la peine — le pouvoir de prononcer à son gré une élimination perpétuelle ou une élimination temporaire.

Est-il vraiment possible d'établir cette graduation de la peine? Je ne le crois pas. Le juge basera le plus souvent sa décision sur la perversité de l'incorrigible, sur la gravité de ses délits antérieurs. Mais ce ne sont pas des éléments qui permettent de fixer la durée nécessaire de l'élimination, car, nous l'avons vu, ce sont précisément les incorrigibles les moins dangereux qui, à raison de leur impuissance physique et mentale, sont les plus réfractaires au travail. Le système aboutirait donc à faire prononcer contre les délinquants les plus dangereux des peines de moindre durée. Et il y aurait là un scandale que la conscience publique ne pourrait pas supporter. Un pareil traitement encouragerait les malfaiteurs dans leur révolte. Si l'on veut au contraire maintenir la proportionnalité de la peine selon l'ancienne méthode, l'élimination restera aussi inefficace que les autres peines : on replacera dans la société des individus tout aussi pervertis et l'œuvre sera à recommencer.

D'ailleurs, quels que soient les éléments d'information dont les magistrats s'entourent, comment serait-il possible de fixer d'avance, d'une manière certaine, le jour où un incorrigible pourra sans danger être remis en liberté? S'il n'y a pas de critérium de l'incorrigibilité, il n'y a pas non plus de critérium de l'intensité plus ou moins grande de cette incorrigibilité. Une élimination à durée déterminée par la loi ou par le juge doit donc aboutir à l'un de ces deux résultats également déplorables : ou bien on continuera de garder un individu, déjà corrigé et amendé parce qu'il n'était pas incorrigible, ou un individu qui aura déjà acquis des habitudes régulières permettant de le laisser sans grand danger en liberté. Ou bien, et ceci est plus grave, on rejettera dans la société un malfaiteur incorrigé, peut-être dangereux, et prêt à la récidive (1).

Pour obvier au premier inconvénient, il y a sans doute le moyen de la libération conditionnelle; mais c'est une mesure de faveur que l'administration sera peu disposée à accorder à des récidivistes endurcis.

Quant au deuxième inconvénient, on pourrait le supprimer en permettant aux autorités pénitentiaires de détenir au delà du terme fixé, un individu que l'on estimerait encore dangereux. Mais cette détention supplémentaire irait contre son but. Le détenu incorrigé la considérera comme une mesure arbitraire, l'attribuera à la haine de quelque gardien, à juste titre peut-être, et se fortifiera dans sa révolte ou dans son inertie. L'opinion publique elle-même, ne connaissant pas les véritables causes, comprendra difficilement que l'autorité administrative puisse selon son bon plaisir aggraver les décisions de la justice, ce qui est évidemment une bizarrerie dans un pays organisé d'après le principe de la séparation des pouvoirs. Enfin ce système peut-être considéré comme renversant absolument l'autorité de la sentence du juge. Il est permis de penser que l'autorité pénitentiaire, peu apte à approfondir un problème de psychologie, habituée à prendre des mesures d'ordre général, userait peu de son pouvoir et n'oserait assumer de telles responsabilités. L'inconvénient reste donc entier.

D'ailleurs, si l'on adopte ce palliatif, comment fixera-t-on la durée de la détention supplémentaire? L'adminis-

____

(1) Sur toutes ces idées, que nous pouvons seulement indiquer ici, voir la *Critique des peines préfixes* dans la thèse de M. Lévy. *Des sentences indéterminées,* Paris, 1896.

tration sera-t-elle liée par des limites légales ou judiciaires? Nous retombons toujours dans le même inconvénient : c'est un cercle vicieux. S'il n'y a pas de
limites légales, le système que nous venons d'exposer
constitue sous une forme hypocrite une variété de la
sentence indéterminée ; seulement, il réunit aux défauts
de la peine indéterminée tous les inconvénients de la
peine déterminée, et il ne présente les avantages ni de
l'une ni de l'autre.

III

La *sentence indéterminée*, la sentence muette sur la
durée de la peine (1), était considérée, il y a quelques années, comme une institution d'origine américaine, tendant à favoriser l'éducation de certains délinquants
facilement amendables. On reconnaît aujourd'hui qu'a-
vant d'être appliquée dans les « *reformatories* » la
sentence indéterminée avait été proposée par certains
savants tels que M. Ch. Lucas ; mais c'était toujours
avec sa fonction de système d'amendement, destiné à
abréger plutôt qu'à prolonger la durée de la peine. Si le
délinquant est un malade, le but fondamental de la peine
est de le guérir, dans son intérêt propre aussi bien que
dans l'intérêt social. Mais un médecin ne fixe pas
d'avance le jour où un malade doit être guéri : de même,
il est impossible d'affirmer d'avance qu'à un moment

____

(1) Sur l'histoire des sentences indéterminées, v. la thèse déjà
citée de M. Lévy,

donné le détenu sera amendé. D'autre part, relâcher un criminel avant d'avoir au moins la probabilité de l'amendement, c'est faire œuvre stérile ; détenir un criminel complétement amendé serait inique et inutile.

Dès lors, appliquer ce système à des incurables, ce serait, semble-t-il, un véritable non sens. Et c'est pourquoi, à Elmyra par exemple, la peine indéterminée est appliquée seulement à des détenus choisis, assez jeunes pour être susceptibles d'éducation.

Considérée comme système d'élimination contre des incorrigibles, la sentence indéterminée est une idée beaucoup plus nouvelle ; c'est une véritable création des deux éminents fondateurs de l'Union internationale, M. Von Liszt et M. Van Hamel. Proposée pour la première fois en 1883 (1), elle est devenue le système favori de l'Union (2). Un groupe nombreux de membres de cette association est cependant très opposé à la sentence indéterminée. A la session de Paris, en 1894, il apparut même très nettement que la majorité des savants présents (surtout français) était contraire à l'idée nouvelle, comme M. Prins, le troisième fondateur de l'Union. Malgré cet échec passager, le système fait tous les jours de grands progrès, tout au moins dans l'esprit des théoriciens. Au Congrès de Genève, en 1896, un

(1) Von Liszt, *Der Zweckgedanke im Strafrecht, dans Zeitschrift für die gesammte St-Vissenschaft*, 1883, passim.

(2) La sentence indéterminée, dans son application aux incorrigibles, est pour ainsi dire à l'ordre du jour permanent de l'U. i. d. d. p. Elle a été discutée à fond, à la session de Paris, sur deux intéressants rapports de M. Van Hamel et de M. Prins. Les Congrès d'anthropologie de Bruxelles (1893) et de Genève (1896) se sont aussi occupés de la question. V. une série d'articles dans *Ricista di disci-pline carcerarie*, 1897, août, septembre et octobre.

débat très intéressant s'engagea sur une communication de M. Arthur Griffiths ; mais les maîtres italiens, et notamment M. Ferri, pensent que la sentence indéterminée est un système trop progressif pour pouvoir être adopté à « l'édifice vermoulu du vieux droit pénal ».

La sentence indéterminée, comme toutes les idées nouvelles, a des partisans fanatiques et des détracteurs acharnés. On l'a considérée quelquefois comme une véritable panacée, donnant la solution de tout le problème pénal, applicable à toutes les catégories de délinquants, tantôt dans un but d'amendement, tantôt dans un but d'élimination. Il importe d'examiner, en ce qui concerne les incorrigibles, la valeur du système et dans son principe et dans son application pratique.

V

L'idée fondamentale n'est plus le désir d'amender le coupable, mais bien au contraire, la volonté d'assurer la défense sociale. Puisqu'il s'agit d'individus radicalement incorrigibles, il faut les détenir tant qu'ils ne seront pas devenus inoffensifs, tout au moins par l'anéantissement de leur énergie criminelle. C'est là une détention dont il est impossible de fixer par avance la durée, même approximativement, de même qu'on ne peut fixer par avance la durée de l'internement d'un aliéné (Van Hamel). Les incorrigibles doivent donc être mis à la disposition de l'autorité administrative, et la sentence, comme la loi elle-même, doit rester muette sur la durée de cette mesure.

Aucune objection de principe sérieuse ne peut être faite à ce système. On a souvent parlé des garanties de la liberté individuelle qui, paraît-il, seraient ici violées. Mais tout d'abord la sentence indéterminée est un système plus favorable aux incorrigibles que l'élimination perpétuelle proposée par tant de savants. La liberté individuelle serait violée, si l'on détenait sans raison un délinquant amendé, ne présentant plus aucun danger social : c'est là une question d'application qui n'affecte pas le principe du système. En quoi la liberté individuelle exige-t-elle que la durée de sa détention soit connue d'avance par un condamné, alors surtout qu'il s'agit d'un incorrigible et d'une mesure préventive plutôt que d'une peine ? Ce qui est vrai peut-être, c'est que cette sentence, où contrairement à des habitudes séculaires enracinées dans l'esprit public, la durée de la peine reste chose mystérieuse, semble difficilement acceptable pour des intelligences françaises, amoureuses de clarté et d'harmonie même superficielles. Dans cette balance, où d'un côté nous mettons le crime ou le criminel, et de l'autre la peine, on ne voit plus, dans le système de la sentence indéterminée, ce contrepoids qui s'appelle le dosage des peines, et l'esprit reste choqué. Sous une forme vulgaire, c'est l'argument fondamental qui a été développé par M. Tarde (1). Les criminels, avec la peine indéterminée, ne sentent plus l'importance du châtiment; l'effet intimidant de la répression est détruit. En développant l'argument de M. Tarde, on pourrait dire que l'incorrigible attendra

____

(1) *Considérations sur l'indétermination des peines,* dans *Rec. pén.,* 1893, p. 750.

tous les jours sa libération; il adressera à l'administration des réclamations incessantes (1). Chaque heure de détention lui paraîtra une mesure arbitraire; il attendra la décision libératrice comme le signal d'une nouvelle série de délits. Dans ces conditions, le reclassement et même l'utilisation des incorrigibles deviennent des chimères.

Si l'on se place au point de vue social, la sentence indéterminée est, selon M. Tarde, contraire à la notion même de la pénalité. La peine est la réaction de la conscience publique et elle est la mesure de cette réaction. La sentence indéterminée trouble la conscience publique, parce qu'elle n'exprime pas cette réaffirmation de la probité ou de la pitié.

Nous ne méconnaissons pas la valeur de cette objection. Mais l'élimination n'est pas une peine. Il ne s'agit plus ici de raffermir la conscience publique, de neutraliser l'effet décomposant d'une action mauvaise. C'est une mesure de sûreté qu'il s'agit de prendre. L'essentiel est qu'elle ne choque pas trop violemment l'opinion. Quant aux incorrigibles eux-mêmes, il est contestable que la sentence indéterminée ait des effets aussi désastreux. Lorsque la réforme sera entrée dans les mœurs, lorsque les récidivistes seront bien convaincus que le seul moyen de se libérer, l'élimination une fois prononcée, c'est le travail prolongé et la volonté sérieuse du relèvement, la peine indéterminée aura sans doute pour quelques-uns d'entre eux les effets les plus heureux : ils n'attendront plus, comme une délivrance,

(1) Le relégué, dit P. Mimande, est essentiellement réclameur et scribomane (*Criminopolis*, p. 292). C'est un des traits de la psychologie des habitués des prisons.

la fin de leur détention : ils devront la mériter. N'y a-t-il pas là une cause active qui pourra pousser dans la voie de l'amendement ceux qui ne seraient pas radicalement incorrigibles, et qui sera de nature à faire réfléchir les vrais incorrigibles, à les faire travailler, à leur donner de bonnes résolutions ?

Ainsi, c'est dans son application aux incorrigibles que peut-être la sentence indéterminée offre le moins de prise aux objections.

L'idée est bonne : comment est-il possible de la mettre en œuvre ?

V

La peine indéterminée prononcée contre les incorrigibles, il s'agit de savoir comment et d'après quels éléments on fixera le terme de la détention.

M. Von Liszt préconise la création d'un conseil de surveillance ou comité administratif composé du procureur de la République, du juge d'instruction, du directeur de l'établissement pénitentiaire, enfin de deux hommes de confiance choisis par le gouvernement parmi les directeurs des Sociétés de patronage, les théoriciens du droit pénal, etc. Ce sont ces conseils qui seraient chargés d'étudier la conduite des incorrigibles, leur ardeur au travail, les chances de reclassement, et de prononcer lorsqu'ils le jugeraient opportun la fin de la détention.

M. Van Hamel, préoccupé de donner de nombreuses

garanties à la liberté et d'éviter tout arbitraire, propose un système tout différent.

Nous avons vu que, d'après le savant professeur, l'élimination devait être prononcée par une Cour spéciale de magistrats. La loi fixerait un délai après lequel l'incorrigible comparaîtrait à nouveau devant cette Cour, toujours avec l'assistance d'un défenseur et les formalités ordinaires de la procédure. La Cour serait appelée à statuer sur la continuation de l'internement ou sur la libération conditionnelle de l'incorrigible. Pour cela, elle réunirait tous les renseignements nécessaires sur la conduite et le travail du détenu. Mais c'est surtout l'avenir qu'elle devrait envisager. La société ne doit rendre l'incorrigible à la liberté que s'il présente de sérieuses chances de reclassement. La bonne conduite du détenu pendant la période d'internement serait donc un élément d'appréciation insuffisant. Il faudrait en outre que sa bonne conduite à venir fût garantie par une Société de patronage décidée à le surveiller de près ; il faudrait tout au moins qu'avant d'être libéré le détenu eût un engagement de travail sérieux, répondant à ses aptitudes professionnelles. Mais ces conditious déjà si sévères ne suffisent pas encore, d'après M. Van Hamel. Il ne faut pas oublier à quels récidivistes endurcis nous avons affaire ; il serait imprudent de les libérer d'une manière définitive, car des rechutes sont à craindre pour les vrais incorrigibles. On leur accordera donc seulement la libération conditionnelle qui permettra à l'administration de les surveiller de près et de mettre la main sur eux, sans nouveau jugement, en cas de mauvaise conduite à un moment quelconque de leur vie. Cette menace n'est-elle pas de nature à frapper l'esprit du récidiviste ?

Cette délibération de la Cour devrait-être renouvelée de temps en temps de manière à ne pas prolonger l'internement des détenus amendés ou devenus inoffensifs. Les délibérations seraient plus ou moins fréquentes suivant qu'il s'agirait de petits récidivistes ou de malfaiteurs dangereux. A partir de l'âge de 50 ans, ces délibérations auraient lieu tous les deux ans.

On voit que si le système de M. Van Hamel donne à la liberté d'importantes garanties notamment par l'institution de la Cour spéciale chargée au début de prononcer l'élimination et plus tard de la faire cesser ou de la prolonger, il est par une juste contre-partie extrêmement sévère. L'élimination prononcée, c'est la main mise définitive de l'administration sur la personne du récidiviste, jusqu'à la fin de sa vie, même en cas de libération conditionnelle.

Que faut-il penser de tous ces systèmes?

L'objection capitale, souvent faite contre eux, est tirée de l'impossibilité de prévoir la conduite future du détenu d'après sa manière d'être en prison. Les détenus se conduisent bien, manifestent même une certaine régularité dans leur travail pour jouir de certains avantages, de la bienveillance des gardiens, pour obtenir une libération plus rapide. Mais « bon détenu » ne signifie pas « détenu amendé », bien au contraire. Les magistrats ou les fonctionnaires seront donc trompés par des apparences. D'autre part, si même l'on suppose chez le détenu une certaine sincérité, s'il a vraiment acquis des habitudes de sobriété et de travail, comment prédire que ces habitudes nouvelles ne vont pas être arrachées par le brusque passage à la vie libre? En prison le travail est montré au détenu en même temps qu'il lui est imposé;

la vie animale lui est assurée: le travail est sa seule distraction.

Dans la vie libre, c'est la lutte qui va recommencer, et contre un passé de faiblesses, au milieu de toutes les tentations, de toutes les camaraderiés malsaines. Cette lutte exigera une énergie d'autant plus grande, elle sera d'autant plus difficile, que l'habitude de l'internement aura tué chez le récidiviste tout esprit d'initiative et affaibli son activité mentale.

Comment du reste l'autorité administrative ou judiciaire appelée à statuer pourra-t-elle se faire une opinion sur la conduite du détenu, sur la probabilité des rechutes ? Elle sera obligée de s'en remettre à l'avis du directeur de la prison, car elle n'aura pas le temps de se livrer à une étude minutieuse et individuelle des détenus. Le directeur du pénitencier, partagé entre mille occupations absorbantes, se contentera de contresigner l'avis du gardien qui à toute heure surveille le détenu et cause avec lui : et alors, le détenu est livré à « l'arbitraire d'un geôlier subalterne ». C'est une tâche qui dépasse la compétence et l'intelligence d'un gardien même parfait.

Ces arguments ont suffi pour faire croire que la sentence indéterminée était un système excellent, peut être, en théorie, mais impraticable (1).

Assurément, il est difficile de les réfuter d'une manière directe. Et cependant quel serait le résultat de ces constatations si on voulait leur donner une portée absolue? Elles devraient faire rejeter le système de la

____

(1) V. Gauthier. *Pour et contre les peines indéterminées*, dans *Revue pénale suisse*, 1893.

libération conditionnelle, car ici encore il s'agit d'apprécier la conduite du détenu dans la prison ou dans la colonie pénitentiaire (1). Personne n'a été jusque là cependant. D'autre part, ce n'est pas seulement le passé que l'on regarde pour décider du sort de l'incorrigible, c'est surtout l'avenir : si le reclassement paraît problématique ou si des rechutes paraissent probables, l'internement devra continuer quelles que soient les notes du détenu.

Il ne faut donc pas s'arrêter devant ces arguments ; mais la sentence indéterminée se heurte à des objections plus puissantes.

On a quelquefois qualifié d'absurde un système, qui pour des individus reconnus incorrigibles, organise des mesures compliquées en vue du reclassement. Il n'y a pas là un argument sérieux, car il n'est pas question d'instituer, spécialement pour les incorrigibles, des mesures d'éducation ; il s'agit seulement de savoir à quel moment on pourra les rendre à la liberté sans danger pour la société. Mais peut-être est-il possible de donner à cette objection une forme plus exacte : c'est la nécessité de ces révisions périodiques du procès des incorrigibles qui constitue, à notre avis, le vice fondamental de la sentence indéterminée.

D'abord on peut s'étonner de la complication de tous ces rouages administratifs et judiciaires que l'on crée pour protéger la liberté des incorrigibles. S'il s'agit d'une cour, comme dans le système de M. Van Hamel,

____

(1) Elles devraient faire rejeter aussi le système progressif (ou irlandais), le système des classes, en un mot toutes les institutions pénitentiaires qui reposent sur l'examen de la conduite des détenus.

on veut des formes de procédure, des enquêtes, des plaidoiries, etc. Tout cela demandera beaucoup de temps. Ce n'est pas avec de beaux discours que l'on peut élucider un problème aussi délicat ; on a beau répéter, dans les Congrès, que « les magistrats feront l'examen anthropologique, psychologique et social des délinquants », au fond tous ces grands mots ne signifient pas grand chose. L'anthropologie criminelle ne donne pas encore de résultats certains. Et qu'est-ce que peut produire l'examen psychologique d'un délinquant décidé à user de la plus grande hypocrisie pour obtenir sa libération ?

Avec le système de M. Van Hamel, l'incorrigible sera non pas un individu que l'on garde et que l'on fait travailler, mais un instrument à paperasses, ballotté de procédure en procédure, jusqu'à ce qu'un juge plus naïf prononce une sentence favorable.

Ces graves inconvénients sont-ils du moins compensés par la nécessité de protéger les libertés individuelles ? En définitive, c'est toujours l'avis des hommes de l'administration et même d'un fonctionnaire subalterne, connaissant le prisonnier, qui entraînera l'opinion des juges.

Pourquoi alors tous ces rouages judiciaires ? Il vaut mieux augmenter les garanties de la liberté pour les honnêtes gens.

A ces derniers points de vue, le système de M. Von Liszt est, croyons-nous, supérieur à celui de M. Van Hamel. Tout se passe ici dans la coulisse. Le comité examinera les dossiers du détenu, les rapports du directeur. Il pourra même procéder à un interrogatoire, bien qu'on sache d'avance sous quelle apparence de brave homme persécuté l'incorrigible va se présenter. Cependant, même dans le système de M. Von Liszt, il reste un grave inconvénient jusqu'ici peu signalé et qui, à notre avis, constitue le défaut capital de la sentence indéterminée.

Qu'il s'agisse d'une cour ou d'un conseil administratif, la nécessité de ces révisions périodiques est de nature à laisser aux détenus de fausses espérances, et par suite à les pousser à la révolte ou à l'inertie, si on leur refuse ce qu'ils considéreront comme un droit. Remettre en question, à tout instant, la décision de la cour d'élimination, c'est faire apparaître son internement, à l'incorrigible, comme une sorte de détention provisoire qu'avec un peu d'habileté il pourra faire cesser. Cet état d'esprit est contraire au bon fonctionnement de l'élimination. L'incorrigible ne songera jamais à se mettre sérieusement au travail; sa seule préoccupation sera la prochaine comparution devant la cour, la prochaine décision du conseil.

Pour que l'élimination ait un effet utile, et inspire à l'incorrigible de graves réflexions, il faut si l'on veut instituer la sentence indéterminée, qu'elle apparaisse à ces esprits faussés comme une mesure définitive; il faut qu'ils aient la conviction absolue que c'est fini, que jusqu'à preuve complète du relèvement ils resteront internés, et que jusqu'à leur mort le moindre écart de conduite les ramènera sans jugement au pénitencier. Mais leur donner périodiquement et à des intervalles rapprochés la perspective de la libération, c'est détruire d'un côté ce qu'on a construit de l'autre. Si on les libère, l'effet de l'élimination est manqué, la facilité avec laquelle ils auront trompé les autorités les poussera à la récidive. Si on les garde, ils se croieront victimes de l'arbitraire et ne voudront rien faire. Cet inconvénient est surtout considérable au point de vue de l'effet d'intimidation générale que doit produire l'élimination sur la population des délinquants d'habitude. Ils ne craindront pas une mesure qui leur paraîtra facile à tourner.

La sentence indéterminée, dans les systèmes de M. Van Hamel et de M. Von Liszt, contient donc des éléments contradictoires ; c'est une belle façade, derrière laquelle il y a un fossé.

Est-ce à dire qu'il faille condamner le principe de la sentence indéterminée ? Ce serait aller trop loin. Ce qui est mauvais, ce sont ces délibérations périodiques (1) ; les garanties que nous avons accordées aux incorrigibles au moment où il s'agissait de prononcer l'élimination sont-elles donc si insuffisantes? C'est à ce moment qu'il faut examiner de près le délinquant pour savoir s'il est vraiment incorrigible. Une fois la décision prise, pourquoi ces retours en arrière périodiques?

Mais alors, comment fixer la fin de l'élimination? Il y peut être un moyen de sortir de cette impasse. Il est reconnu par tout le monde qu'en définitive les véritables maîtres de l'incorrigible, ce seront les fonctionnaires de l'établissement pénitentiaire, quelque organisation que l'on établisse. L'institution d'une cour ou d'un conseil est donc une mesure de défiance impuissante. Pourquoi ne pas remettre en toute franchise le sort de l'incorrigible

______

(1) On pourrait dire que ces délibérations auront lieu seulement si le prisonnier manifeste des traces d'amendement. Mais qui décidera s'il y a ou non des traces d'amendement ? Nous tournons dans un cercle vicieux.

entre les mains de ces fonctionnaires? Se sentant responsables, ils se consacreront à leur tâche avec plus d'intelligence et de scrupule : où est la volonté, le pouvoir, là doit être aussi la responsabilité. Si ce système paraît être contraire à la liberté individuelle, nos études antérieures nous fournissent, pour l'appuyer, un argument que nous croyons irréfutable. Ce n'est pas contre des délinquants d'habitude que nous proposons l'élimination avec sentence indéterminée, c'est contre des délinquants d'habitude *incorrigibles*. La grande question pour nous, c'est la meilleure manière de les utiliser au profit de la société. Si nous permettons le reclassement et la libération, ce n'est pas que les incorrigibles ne soient plus ces êtres définitivement sacrifiés que nous avons décrits naguère, c'est uniquement à raison des erreurs possibles et parce qu'il n'y a pas de critérium de l'incorrigibilité. Entre le délinquant amendable et celui qui est absolument incurable, il y a des transitions insensibles; il ne faut donc pas rejeter définitivement ces êtres; mais c'est tout ce que demande la justice.

Ne pourrait-on pas établir un système analogue à celui que proposait autrefois M. Ch. Lucas? Le juge dans ce système prononce par exemple 25 années de prison. Tous les trois mois, l'autorité pénitentiaire déciderait, d'après la conduite du détenu, de son passage à une classe inférieure en commençant par la vingt-quatrième, ou de son maintien dans la situation actuelle. Les détenus de la première classe seuls pourraient être libérés, de telle sorte que la peine pourrait être allongée ou abrégée dans de grandes proportions suivant la conduite du prisonnier.

Ce système est peut-être un peu compliqué, mais il

contient une idée exacte. Comme nos forçats, les incorrigibles pourraient être divisés en un certain nombre de classes et seraient tenus de rester plus ou moins longtemps dans chaque classe suivant leur conduite. C'est seulement lorsque le détenu serait arrivé à la première classe que le problème d'une libération conditionnelle pourrait être posé. Jamais, comme l'a soutenu avec force M. Van Hamel à la session de Paris, il ne pourra s'agir pour les incorrigibles d'une libération définitive, car à ces misérables il faut donner des stimulants énergiques pour éviter les rechutes. Et ici, il s'agira toujours d'une libération conditionnelle indéfinie, organisée de telle sorte que jusqu'à la fin de sa vie, l'incorrigible puisse être repris en cas de mauvaise conduite. Car il faut toujours revenir à nos conclusions du chapitre Ier. Comment espérer le reclassement de ces êtres si la société les replace dans la liberté sans soutien? Cette libération doit avoir pour véritable cause un engagement de travail trouvé chez un particulier, une sorte de caution morale donnée par une Société de patronage. Mais, même avec ces garanties, la libération conditionnelle seule est une mesure prudente.

Nous irions même plus loin. Rejeter brusquement un individu habitué à la vie passive des établissements pénitentiaires, c'est préparer des récidives certaines de la part de ces incorrigibles. Ne serait-il pas possible d'établir des mesures de transition? Sans doute on va encore crier à l'incohérence d'une théorie qui applique aux incorrigibles des mesures destinées ordinairement à l'amendement des coupables. Mais il faut bien reconnaître que si la transition de l'état de détenu à la vie libre est la véritable difficulté du problème pénitentiaire,

on ne peut refuser ces mesures de transition pour les
malheureux qui à raison de leur faiblesse en ont le plus
besoin. D'ailleurs, précisément à raison de l'hypocrisie
des incorrigibles, il ne peut être ici question du système
des marques et des *tickets of leave*. Mais il serait possible de créer un établissement analogue à la ferme de la
Chalmelle, où le Conseil général de la Seine emploie des
ouvriers sans travail. On imposerait ainsi aux incorrigibles proposés pour la libération conditionnelle une
période de préparation et surtout d'épreuve. Si l'expérience réussit, on pourra accorder la libération conditionnelle (1).

On voit combien pour répondre aux adversaires de
la sentence indéterminée nous accumulons les obstacles
et les précautions. Mais la peine indéterminée ne va-t-elle
pas devenir en fait une peine perpétuelle? C'est ici que
l'on pourrait emprunter à M. Von Liszt l'idée d'un conseil chargé de surveiller les incorrigibles et de donner
l'impulsion aux autorités administratives. Seulement il
ne s'agit plus de ces délibérations ou révisions périodiques, prévues par la loi, dont parlent la plupart des
partisans de la sentence indéterminée. Le conseil aurait
une mission de surveillance, mais c'est l'administration
qui statuerait. Il chercherait des emplois au dehors
pour les libérés, on pourrait même lui donner un certain pouvoir quant à la classification des incorrigibles
et quant aux travaux à leur confier. Chaque membre de
ce conseil aurait le devoir de surveiller un certain

---

(1) Sur cette question des mesures de transition, v. *U. i. d. d. p.*
Erste Landes versammlung der Gruppe deutsches Reichs. Halle
1890, page 12.

nombre d'incorrigibles libérés. Il y aurait là une institution bien plus efficace que la surveillance de la haute police, que l'interdiction de résidence, ou que le *domicilio coatto*. Car l'incorrigible serait signalé à l'administration, aussitôt qu'il abandonnerait sa place ou qu'il ne se soumettrait plus à une surveillance bienveillante mais constante. Cette sorte de patronage ou de tutelle serait peut-être de nature à réveiller de bons sentiments chez quelques-uns de ces misérables. Il faut laisser les sociétés de patronage privées à leur rôle d'institutions de relèvement pour des criminels amendables. Quant aux incorrigibles, le patronage serait plus efficace, s'il émanait d'hommes connaissant bien les hypocrisies et les tares de leurs protégés, et surtout ayant sur eux une certaine autorité, pouvant les faire enfermer de nouveau.

Enfin pour simplifier tous ces rouages, c'est peut-être ce même conseil qui pourrait étudier les criminels renvoyés devant la Cour d'élimination et donner un avis compétent sur l'incorrigibilité.

C'est plutôt par l'initiative individuelle de ses membres que ce Conseil pourrait accomplir une œuvre bienfaisante. Car une assemblée délibérante n'est pas apte à étudier un homme et à prendre une décision longuement réfléchie. Chaque membre aurait à surveiller un certain nombre d'incorrigibles pendant leur internement et à proposer toutes les décisions relatives à eux. Les assemblées n'auraient qu'une mission de surveillance générale ou décideraient sur les questions communes à tous les incorrigibles. (1)

(1) Le système que nous proposons ici présente une certaine analogie avec un intéressant projet de loi de MM. Delattre et Gatineau qui n'a pas abouti (*V. Journ. off., Annexes de la Chambre des dép.* 1883,

Évidemment une pareille institution ne peut vivre et valoir que par les hommes. Où les trouver? M. Von Liszt propose surtout des magistrats et des fonctionnaires. Mais ceux-ci ont déjà des occupations qui les empêcheront d'accorder beaucoup de temps à l'œuvre que nous venons d'esquisser : ils ne pourront acquérir une compétence spéciale. Où donc trouver ces psychologues, ces savants consentant à consacrer leur vie à une œuvre ingrate? C'est là peut-être la grande difficulté, la pierre d'achoppement de la sentence indéterminée (Gautier). Cependant il ne s'agit pas ici de faire œuvre de psychologue subtil, car les incorrigibles peuvent être divisés en grandes catégories. D'autre part le public savant s'intéresse de plus en plus aux questions pénitentiaires. Dira-t-on qu'il est impossible, dans un pays comme la France, de trouver une centaine d'hommes débarrassés de toute occupation professionnelle, et qui dans un intérêt public se consacreraient à cette lourde tâche? Il faudrait alors désespérer de l'œuvre pénitentiaire, car ce sont les hommes, et non les institutions, qui ont de l'action sur les consciences.

VIII

Ainsi organisée, la sentence indéterminée répond à la

p. 750 et suiv.) : « Lorsque le juge prononcera une condamnation pour crime ou délit commis dans des circonstances qui dénotent une perversité profonde et sans espoir de retour immédiat, il déclarera dans son jugement que le condamné sera pourvu d'un tuteur. Le tuteur du condamné le protégera pendant la durée de la peine. Il aura le droit de le visiter et de correspondre avec l'administration. Après l'expiration de la peine, le tuteur placera le condamné dans tel établissement qu'il jugera convenable, etc. ».

plupart des objections qui ont été faites contre l'idée nouvelle. Il ne s'agit plus de libérer des incorrigibles puisque nous les laissons pendant toute leur vie sous la menace d'une réintégration, ni de se laisser tromper par l'hypocrisie d'un détenu puisque l'on devra examiner avant tout la possibilité du reclassement. Les adversaires de la peine indéterminée sont réduits encore une fois à invoquer le sens populaire, qui jamais, dit-on, ne pourra s'habituer à des sentences muettes sur la durée de la peine, laissant à l'administration un pouvoir arbitraire. Il y a peut être là, nous l'avons vu une objection irréfutable contre l'adoption du système pour des délinquants d'occassion, mais dès qu'il s'agit d'incorrigibles, la situation n'est plus la même. Les nombreux systèmes intermédiaires (1) que l'on a proposés sous le nom de *sentence relativement indéterminée* présentent d'ailleurs de graves défauts : ici encore il faut choisir entre deux conceptions que sépare un abîme.

On a proposé d'insérer dans la loi un minimum et un maximum, ou un maximum sans minimum. L'administration serait liée par cette disposittion législative, la sentence restant toujours muette sur la durée de la peine. Ce système ne présente guère d'intérèt pour les incorrigibles, car le maximum devrait être la détention à perpétuité pour ne pas retomber dans les graves inconvénients de l'élimination temporaire à durée préfixe. Dans un autre système, c'est le juge et non la loi qui statuerait sur la durée maxima de la détention. Ce procédé est bien supérieur au précédent. La Cour d'élimination, d'après l'organisation proposée par nous, possède

(1) Nous ne pouvons les étudier ici en détail. V. Lévy, *op. cit.*

en effet des éléments d'appréciation abondants, qui lui
permettraient de décider après quelle époque le détenu,
redevenu sûrement inoffensif, devrait être libéré Il
semble qu'on ne puisse refuser à l'incorrigible cette
suprême garantie, surtout si l'on ne veut pas instituer ces
examens ou révisions périodiques proposés par M. Van
Hamel ou M. Von Liszt.

Cependant ce système présente encore tous les inconvénients qui nous ont fait repousser l'élimination à
durée prédéterminée. Il est visiblement construit en vue
d'abréger la détention dans l'hypothèse de l'amendement ; mais prévoir l'amendement au moment où l'on
déclare le délinquant incorrigible, c'est un peu contradictoire, et en tous cas prématuré. On pourrait adopter
ce système comme mesure de transition, mais il ne peut
constituer l'organisation définitive de la peine indéterminée pour les incorrigibles. En un mot l'indétermination
complète nous paraît seule acceptable.

Mais ce n'est pas à dire que la sentence indéterminée
constitue pour nous un système absolu, une panacée
applicable à toutes les classes d'incorrigibles. M. Prins
a fort bien démontré (1) que pour certains délinquants
d'habitude, la peine indéterminée serait un véritable non
sens. Il citait comme exemple ces paysans de certaines
localités flamandes qui comparaissent quinze ou vingt
fois devant les tribunaux du Nord de la France, ou de
Belgique, pour délits de coups et blessures ou autres
semblables, causés par un tempérament sanguin et par
des habitudes d'intempérance. Ces individus sont

---

(1) *Discours de M. Prins au Congrès d'anthropologie criminelle
de Bruxelles.* V. *Actes,* p. 395 et suiv.

incorrigibles, nous l'avons vu, tant que leur tempérament n'est pas éteint par l'âge. Si l'on institue pour eux la peine indéterminée, il faudra donc les détenir jusqu'à leur extrême vieillesse. Or ces individus sont très souvent des travailleurs sérieux et honnêtes; briser leur vie en les enfermant pendant une si longue durée, sous prétexte d'empêcher quelques querelles de cabaret, ee serait pousser un peu loin le souci de la défense sociale.

Des objections analogues peuvent être élevées pour certaines catégories de délinquants incorrigibles peu dangereux, qui ne sont pas poussés au délit par la paresse et la révolte contre l'existence normale (buveurs d'habitude, certains délinquants de mœurs, etc.).

La sentence indéterminée, malgré l'excellence du principe ne peut donc être un système applicable à tous les incorrigibles; il faut la restreindre aux récidivistes contre lesquels, seule, la sévérité impitoyable peut être employée. Si l'on songe une dernière fois aux dangers et aux inconvénients incontestables du système, on pourra alors répondre en plaçant, au-dessus de tout, l'intérêt social, c'est-à-dire la protection des honnêtes gens contre des malfaiteurs dangereux.

CHAPITRE V

RÉSUMÉ. TRAITEMENT DES INCORRIGIBLES D'APRÈS LEUR

CLASSIFICATION.

Ainsi, c'est toujours la même conclusion, amenée par l'étude des législations ou des théories. Soit qu'il s'agisse du régime de la peine, soit qu'il s'agisse de sa durée, l'élimination ne peut pas être une mesure uniforme. Aucun des systèmes étudiés jusqu'ici ne peut convenir à toutes les classes d'incorrigibles. L'élimination doit se faire plus ou moins longue, plus ou moins sévère, des buts accessoires peuvent même s'y ajouter de manière à la transformer en une sorte de traitement médical.

C'est un nouveau pas en avant dans la voie de l'individualisation de la peine : il est indispensable que la réaction sociale, pour produire un effet, soit adaptée non plus à la nature d'un fait matériel passé, mais aux divers mobiles antisociaux du criminel, de manière à les annihiler ; car dans la conception moderne, la peine est faite pour l'avenir et non pour le passé, et elle a un grand but social : protéger la société, en relevant les coupables, en abattant les révoltés et les endurcis (1). Il faut donc

(1) Les Allemands, dit M. Saleilles *(l'individualisation de la peine)* ont désigné cette peine nouvelle, par opposition à la *Vergel-*

considérer avant tout la nature des délinquants pour savoir quels moyens de relèvement, d'intimidation ou d'élimination pourront-être employés avec succès.

Sans doute une pareille théorie n'est pas toujours praticable, car il faudrait une peine spéciale ·pour chaque délinquant, et d'ailleurs, les procédés d'investigation scientifique sont encore trop imparfaits pour que l'on puisse connaître exactement un délinquant et les causes plus ou moins profondes du délit. Mais pour les incorrigibles, cet inconvénient est peu considérable puisqu'il est possible de les ranger en quelques grandes catégories présentant des caractères assez tranchés.

L'idée d'un traitement distinct, approprié à ces diverses classes, était déjà en germe dans les discussions du Congrès de Saint-Pétersbourg, où l'on parlait plus volontiers de transportation pour les malfaiteurs dangereux et de maison de travail pour les petits délinquants (1). Mais nous avons vu en étudiant le système des maisons de travail que cette distinction était insuffisante. C'est M. Van Hamel qui, le premier, dans un intéressant rapport au Congrès d'anthropologie criminelle de Bruxelles (2) essaya, en regard d'une classification détaillée, fondée sur les caractères physiologiques et psychologiques des incorrigibles, de dresser le tableau des mesures d'élimination (3).

---

lungstrafe (peine compensatoire) du nom de *Zweckstrafe* (peine appropriée à son but par chaque délinquant).

(1) Cette distinction avait d'ailleurs été faites depuis longtemps, nous le savons, dans certains projets de loi présentés en France contre les récidivistes d'habitude.

(2) *Actes*, p. 57 et suiv.

(3) Mais, comme nous l'avons vu, M. Van Hamel a le tort d'appliquer à tous les incorrigibles son système de la sentence indéter-

Comment concevoir l'organisation pratique de ce système? La loi énumérera-t-elle les signes d'après lesquels les juges devront ranger un incorrigible dans telle ou telle classe? La réponse n'est pas douteuse si on se rappelle à quelles impossibilités on se heurte, en cherchant un critérium légal de l'incorrigibilité. L'individualisation légale, c'est « de l'individualisation de hasard, faite avec l'espoir que sur le nombre on tombera juste » (1). Si la loi est impuissante à déterminer quels délinquants sont ou non incorrigibles, elle l'est, à plus forte raison, lorsqu'il s'agira de déterminer les caractères secondaires de ces délinquants, les causes et la nature de leur incorrigibilité.

C'est donc le juge seul qui pourra faire ce triage, en même temps qu'il se prononcera sur la question d'incorrigibilité.

Tel est le système d'élimination, basé sur la conception moderne de la pénalité, qui nous paraît devoir être adopté par les législateurs. Au point où nous sommes arrivés, quelques courtes explications suffiront à le développer, car nous avons déjà étudié la plupart des solutions que nous allons proposer, et d'ailleurs il s'agit ici de donner quelques indications sur les tendances actuelles de la sociologie criminelle et non de construire un système complet.

I

Contre la première classe d'incorrigibles, c'est-à-dire

minée. A notre avis, l'individualisation doit concerner la durée de la peine aussi bien que son régime.

(1) V. Saleilles, *op. cit.,* p. 199.

les malfaiteurs professionnels, coutumiers d'attentats assez graves, nous avons déjà vu que la répression devait être impitoyable pour briser leur volonté criminelle ; il n'y a d'ailleurs aucun espoir de retour au bien. On établira donc contre eux la sentence indéterminée telle que nous l'avons organisée. Il serait même très utile, pour frapper l'esprit de ces criminels, de mettre dans la loi un minimum de détention (exemple 10 ans) avant lequel ils ne pourraient obtenir leur libération conditionnelle.

Quant au régime, nous l'avons déjà étudié. Ces malfaiteurs sont le plus souvent jeunes, énergiques et doués d'une bonne santé. Il s'agit donc de constituer des compagnies mobiles de travailleurs qui seront employées à des travaux publics faciles. M. Léveillé propose surtout, à l'exemple de l'Angleterre, les travaux hydrauliques. Ces compagnies pourraient rendre des services en Algérie ou en Tunisie, mais pour éviter les vices trop réels de la transportation, elles devraient rester à proximité de la métropole. Ces travaux exigeraient une certaine division des fonctions qui permettrait de tenir compte, dans une assez large mesure, des aptitudes des condamnés.

Enfin on pourrait infliger le même traitement aux souteneurs que nous avons déjà rapprochés des malfaiteurs professionnels.

II

Pour la masse des petits délinquants d'habitude, la maison de travail constitue le seul système pratique.

Mais ici, il faut éviter toute mesure absolue. Nous savons que la plupart de ces délinquants sont impropres à l'exercice d'une profession quelconque. Un certain nombre d'entre eux, les plus jeunes, pourront être employés aux travaux publics dans les compagnies mobiles, ou former des sections que l'on utiliserait dans le voisinage des maisons de travail conformément à un système déjà exposé. Ceux qui sont originaires des campagnes pourront être employés aux travaux agricoles et entretenir un domaine comme celui de Berrouaghia.

Les travaux intérieurs, les travaux de simple occupation seront confiés seulement aux détenus complétement anémiés et faibles de constitution.

La maison de travail serait organisée de manière à permettre l'isolement nocturne de tous les internés. De plus, comme à Merxplas, les immoraux seraient autant que possible mis à part.

Le système des classes, que nous avons emprunté à M. Ch. Lucas, pourrait être appliqué ici avec une certaine efficacité. Peut-être un certain nombre de ces petits délinquants, étroitement surveillés, arrachés à leur milieu social, pourraient-ils se relever. Mais il est impossible de prévoir le terme de la détention; ici encore la sentence indéterminée nous paraît être la mesure idéale destinée à épouvanter ces malheureux sans les décourager. Sans doute, la plupart d'entre eux, indifférents à tout, ne surmonteront pas leur apathie. On pourra donc, au moins comme mesure transitoire, établir un maximum judiciaire surtout pour les vagabonds ou mendiants.

III

Nous arrivons enfin aux non professionnels.

En première ligne nous avons placé les « buveurs d'habitude ». C'est la tendance à l'alcoolisme qu'il s'agit ici de combattre et, s'il est possible, d'éteindre. Le Congrès de 1895 s'est occupé de la question (à un point de vue plus général que le nôtre), et l'on y a fourni des renseignements intéressants sur les asiles de buveurs existant notamment en Suisse (1).

La question de répression est la même pour les buveurs incorrigibles que pour les buveurs corrigibles. En effet, d'après des statistiques citées plus haut, les guérisons sont d'autant plus nombreuses que la détention est plus longue. D'après le projet suisse (art 26), le tribunal peut prononcer contre les buveurs d'habitude un internement de 6 mois à 2 ans. Il suffirait de porter le maximum de cet internement à 3 ou 4 ans par exemple et l'on aurait une mesure d'élimination très suffisante contre les buveurs incorrigibles, à moins qu'il ne s'agisse d'un alcoolique absolument dangereux, qui d'ailleurs serait pour longtemps saisi par la loi pénale commune s'il commettait un délit grave.

---

(1) Le premier établissement pour le traitement des buveurs d'habitude, fut fondé à Dusseldorf, en 1851. De 1880 à 1895, il s'est fondé aux États-Unis beaucoup de maisons de ce genre. En Allemagne et en Angleterre il y en a aussi, mais ce sont des établissements privés.

C'est surtout en Suisse que l'institution a pris un caractère officiel. Plusieurs Codes cantonaux organisent les asiles des buveurs (*Code*

Mais il est impossible, nous l'avons vu, d'employer ici la sentence indéterminée. Par hypothèse nous sommes en présence d'individus qui s'adonnent à des délits d'un genre particulier (ivresse publique, outrages, rébellion, coups, etc.). Très souvent il n'y a pas lieu de les reclasser ou de leur rendre des habitudes de travail. C'est donc une peine fixe que nous proposerions ici, toujours avec la libération conditionnelle comme seule issue possible, afin de prévenir ou tout au moins de réprimer sans rémission les rechutes.

Les internés, comme dans les asiles suisses, seraient soumis à un régime spécial. On leur permettrait autant que possible de continuer leurs occupations professionnelles habituelles, surtout s'il s'agit de travaux au grand air. Toute boisson fermentée serait exclue de leur régime alimentaire.

Dans l'asile de buveurs du canton de Vaud, le régime est ainsi composé : 1er repas, lait, pain et fromage ; à 9 heures, thé et pain ; à midi, soupe, avec viande et légumes ; à 4 heures, café au lait, pain ; à 7 heures 1/2, potage nourrissant, eau.

Un tel régime est, paraît-il, très efficace (1).

Les familles seules des condamnés pourraient souffrir beaucoup d'une détention prolongée infligée à un délinquant presque inoffensif et souvent père de famille.

---

pénal de Berne, art. 47, Code de Neufchâtel, art. 204). Le texte fondamental est la loi du canton de St-Gall du 21 mai 1891. Elle a servi de modèle au projet de M. Stoss, dons nous parlons au texte.

(1) Un des asiles suisses a, comme directeur un ancien buveur d'habitude, réputé incorrigible, et devenu tempérant. (Rapport de M. Magnan au Congrès de 1895).

Mais on pourrait imiter un système pratiqué surtout aux États-Unis, et leur envoyer tout ou partie des salaires attribués aux internés. Cette dernière mesure ferait peut-être accepter plus volontiers la création des asiles de buveurs par l'opinion publique qui jusqu'ici s'y montre réfractaire dans les pays où on a voulu en établir (1).

Le Congrès de 1895 a voté la résolution suivante qui confirme tout ce que nous venons de dire : « Au point de vue thérapeutique, chaque pays devra créer des asiles d'alcooliques dans lesquels le travail sera largement organisé. Des dispositions législatives régleront le placement dans ces asiles suivant que l'alcoolisé.... aura été l'objet de condamnations en récidive.... que son état habituel d'ivrognerie deviendra un péril pour lui-même et la sécurité d'autrui, etc. »

A côté des buveurs d'habitude, nous avons placé les individus à tempérament violent, comme les paysans flamands de M. Prins. Quand ces individus ne devront pas être placés dans les asiles de buveurs, quelle mesure d'élimination pourra-t-on prendre contre eux? Nous avons répudié la sentence indéterminée, la transportation et même la maison de travail. Il semble qu'ici l'élimination devrait être caractérisée par une détention à terme fixe pas trop longue, mais plus sévère, de manière à frapper violemment l'esprit d'individus qu'il serait excessif de conserver longtemps en prison. Le régime alimentaire serait très strict (pain et eau, au moins pendant une certaine période). On pourrait établir l'emprisonnement cellulaire sans donner de travail au détenu, de manière à le briser par l'ennui. Ce qu'il faut ici, en effet, c'est rendre la peine plus dure, car nous

(1 . *Rec. pén.*, mars 1897, p. 481.

avons affaire à des tempéraments violents, sans trop l'allonger, car ce serait souvent un non sens (1).

Quant aux délinquants de mœurs, peu nombreux, ceux qui ne seront pas jugés irresponsables, seront surtout employés dans la maison de travail, à des travaux au grand air ; la sentence devrait fixer la durée de la détention, pour ne pas garder indéfiniment un délinquant souvent âgé et souvent aussi inoffensif.

C'est encore la maison de travail que nous proposerions pour les formes pathologiques du vagabondage, mais la sentence indéterminée redevient ici nécessaire, car ces délinquants sont souvent très dangereux et peuvent, suivant les circonstances, devenir des malfaiteurs redoutables.

IV

On voit que malgré l'autorité de l'usage, le terme d'élimination est absolument impropre pour caractériser un système aussi complexe que celui que nous venons d'esquisser.

L'incorrigible reste assuré de l'assistance sociale s'il manifeste la volonté sérieuse du relèvement. Il sera encouragé et surveillé. Les travaux plus ou moins pénibles mais toujours sérieux et productifs qu'on lui confiera seront de nature à lui rendre le goût de la vie laborieuse et régulière, à lui faciliter le reclassement en

(1) V. en ce sens Kronecker, *Discours à la première session du groupe allemand de l'U. i. d. d. p.* Erste Landes versammlung, etc.. p. 76-77.

lui apprenant un métier véritable. Les abus administratifs
ne sont pas à craindre si les conseils prennent leur rôle
au sérieux. Et en supprimant la transportation on donne
à l'opinion publique le droit de contrôle le plus efficace.
Les bonnes volontés, s'il peut s'en produire, seront
donc encouragées. Le libéré sera aidé ; au besoin, en cas
de chômage temporaire il pourra se replacer sous la
tutelle directe de l'administration, dans les maisons
intermédiaires que nous avons proposées.

Mais la menace d'une réintégration toujours possible
restera suspendue sur lui. A ce point de vue, l'élimination reprend son sens terrible et définitif. Elle ne finira
d'une manière absolue que par la mort de l'incorrigible.
Si l'on s'effraie, nous rappellerons les garanties nombreuses, les procédures compliquées que nous avons
établies afin d'éviter les erreurs et les abus. Les règles
légales sur l'incorrigibilité et sur l'élimination seront
toutes des règles de procédure, à part bien entendu
l'énumération et l'organisation des peines qui resteront
toujours dans le Code pénal, car nous ne voulons pas
toucher au principe fondamental d'après lequel il n'y a
pas d'autres peines que celles établies par la loi. Ce
dernier point excepté, le pouvoir du juge n'aura pas de
bornes : c'est donc de l'intelligence et de la conscience
des juges que dépendrait la valeur de notre système s'il
était mis en pratique.

Reconnu incorrigible, le délinquant devient soumis,
de force et à vie, aux devoirs sociaux contre lesquels il
s'est révolté. Il y a tant de malheureux qui travaillent
honnêtement pour le pain quotidien, ou qui meurent
de misère, tant de soldats tués obscurément pour
la conquête de quelques déserts lointains, qu'il serait

monstrueux de protester contre l'emploi des antisociaux
à des œuvres d'utilité publique, contre l'obligation imposée au parasite de gagner son pain.

Enfin le délit ne peut pas plus être un droit à l'assistance qu'un droit à la paresse. Quand l'incorrigible sera
devenu incapable de tout travail, la société devra le
nourrir, comme nous entretenons actuellement les relégués impotents. Mais cette assistance ne sera légitime
que si, eux aussi, les honnêtes gens sont assurés pour
leur vieillesse de ne pas mourir de faim, pendant que
les malfaiteurs termineront placidement leurs jours dans
les établissements de l'État.

CHAPITRE VI

CONCLUSION. LE TRAITEMENT DES INCORRIGIBLES

DANS SES RAPPORTS

AVEC L'ENSEMBLE DU SYSTÈME RÉPRESSIF

Ce n'est donc pas en éloignant les incorrigibles, comme a voulu le faire la loi française, comme veulent le faire encore les savants allemands et français qui ont composé la majorité du Congrès de Lisbonne, que l'on peut se débarrasser du problème, car il ne faut pas se laisser bercer par des espérances de régénération ou de reclassement qui, l'expérience l'a prouvé, sont chimériques. Nous avons cru donner à l'élimination une portée sociale plus haute, en laissant les incorrigibles sur le territoire de la métropole, où ils seront plus utiles à la société, où, peut-être, quelques-uns d'entre eux pourront se relever.

Ce n'est pas à la fin d'une carrière criminelle, quand le malfaiteur est déjà épuisé, que l'on peut songer à refaire son existence dans les colonies et à lui créer une famille. Car alors la transportation considérée comme mesure humanitaire, est une chimère, un « défi jeté aux honnêtes gens »; considérée comme système de

débarras, elle est une peine excessive, coûteuse et stérile.
C'est lorsqu'un malheureux commence à descendre
sur la pente du crime, qu'il y a encore chance de le
relever : c'est alors qu'il faut prendre une mesure
humanitaire (1).

La transportation deviendrait une belle œuvre, si au
lieu d'employer des millions à entretenir nos récidivistes
dans les hôpitaux de la Nouvelle-Calédonie, on essayait
de créer une population honnête avec ces délinquants
primaires qui ne sont pas encore complétement pervertis, comme nos relégués, ou qui ne sont pas complétement révoltés, comme nos forçats. C'est cette idée qui
a donné naissance au système de la transportation
volontaire, inséré dans le projet de Code français, grâce
aux efforts de M. Léveillé ; mais ce système, malgré son
excellence, est incomplet. Il suppose que pour un délinquant primaire, placé dans certaines conditions sociales,
le reclassement dans la métropole est à peu près impossible. C'est donc à tous ces délinquants qu'il faudrait,
dès une première infraction, *imposer* le séjour aux
colonies. Il y a là encore une conséquence du principe
de l'individualisation. Même lorsqu'il s'agit d'un délit
sans gravité, ce que le juge et même le jury apprécient
déjà aujourd'hui, c'est le milieu dans lequel vit le délinquant, la probabilité d'une rechute, en un mot la *sépa-*

(1) Le succès de la transportation australienne, si succès il y a,
s'explique précisément parce qu'en raison de la rigueur des anciennes
lois pénales anglaises, la transportation était prononcée même pour
des délits sans importance (vol d'une poule). Il est donc probable,
comme l'a fait remarquer M. Garçon au Congrès de 1895, que les
malfaiteurs professionnels n'étaient qu'une minorité de transportés,
et l'on aurait pas dû, en 1885, mettre en avant l'exemple de l'Angleterre pour justifier la relégation.

ration plus ou moins grande du délinquant du groupe des gens honnêtes.

Cet examen, que les tribunaux font particulièrement au point de vue de l'application du sursis, devrait les conduire à distinguer deux grandes classes de délinquants primaires.

Dans la première on rangerait les délinquants d'occasion, dont la récidive est peu probable à raison soit des mobiles spéciaux du délit, soit de la position du délinquant dans un milieu très favorable au relèvement, etc. Pour ces délinquants les peines actuelles, avec leur double caractère de sanction et d'intimidation, peuvent suffire.

Mais nous sommes en présence d'un jeune délinquant placé dans un milieu social mauvais, sans famille ou issu d'une famille déshonnête, entouré de relations suspectes, dénué de tout soutien et déjà corrompu. L'emprisonnement cellulaire est ici un système de répression détestable et en tous cas stérile au point de vue de l'avenir ; même avec tous les perfectionnements pénitentiaires possibles, il est impuissant contre les récidives. « Si l'on s'en tient à la cellule, on fait comme ces parents un peu timorés dont les enfants seraient délicats des bronches et qui n'osent pas les faire sortir de tout l'hiver. Ils les garent peut-être des bronchites, ils ne leur feront jamais des bronches capables de supporter le contact de l'air. La cellule, c'est le côté négatif de la réforme pénale » (1).

C'est donc à ce moment, où l'œuvre est encore possible, que l'on doit envoyer ce délinquant dans les

____

(1) R. Saleilles. *L'individualisation de la peine,* p. 253.

colonies ; le changement de milieu pourra produire son effet sur un esprit encore incomplétement perverti ; d'autre part nous aurons des éléments de colonisation jeunes et vigoureux.

Que peut-on objecter ? La sévérité, l'absurdité d'une mesure qui prononcera la transportation à vie pour un premier délit sans gravité ? Ce ne sont pas les travaux forcés que nous proposons. Évidemment pour être acceptable dans ces conditions, la transportation ne devrait plus constituer une peine ; il y aurait seulement, au début un apprentissage agricole ou industriel sous la surveillance de l'administration. En cas de récidive commise dans la colonie, la société aurait le droit de se montrer d'autant plus sévère qu'elle aurait fait plus d'efforts pour relever le coupable.

Le système pénal actuel nous paraît être contradictoire. Il est sévère et inhumain pour une première faute, puisqu'il n'empêche pas les récidives, rejette les délinquants dans le même milieu, inflige une peine d'expiation qui regarde uniquement le passé, alors que, ici surtout, c'est l'avenir qu'il faut considérer aussi bien dans l'intérêt social que dans l'intérêt individuel des délinquants. Ce système laisse le mal devenir irréparable, et, alors, il est impuissant, parce qu'on est en présence d'incorrigibles. Est-ce que pour donner un remède efficace, un médecin attend l'agonie du malade ?

Il faut donc sauver ce qui peut-être sauvé. Le problème devient de plus en plus aigu, avec l'accroissement de la criminalité des enfants.

Ce problème, la transportation peut le résoudre beaucoup mieux que la cellule. Seulement, jusqu'ici, on veut appliquer la transprotation à contre sens : c'est ce qui explique les désastres passés, présents et futurs.

Sans doute, il y aura toujours des incorrigibles, car si l'on peut combattre certains facteurs sociaux du délit, on reste impuissant contre la plupart des facteurs individuels. Contre ces incorrigibles, il faudra toujours prendre les mesures que nous avons étudiées; mais du moins la société aura rempli tout son devoir. Les incurables ne pourront plus être proclamés des victimes de la complicité sociale. Ils seront seulement des vaincus de la vie, des vaincus qu'il faudra regarder avec pitié, puisque la puissance humaine vient se briser contre leur organisation physique et mentale.

Vu : LE PRÉSIDENT DE LA THÈSE,

A. LE POITTEVIN.

Vu : LE DOYEN,
GARSONNET.

Vu et permis d'imprimer :

LE VICE-RECTEUR DE L'ACADÉMIE DE PARIS,
GRÉARD.

TABLE DES MATIÈRES

BUZANÇAIS (INDRE), IMP. DEVERDUN ET JAGUIN.